Adolf Beer

Die Zusammenkünfte Josefs II. und Friedrichs II. zu Neisse und Neustadt

Adolf Beer

Die Zusammenkünfte Josefs II. und Friedrichs II. zu Neisse und Neustadt

ISBN/EAN: 9783742895554

Hergestellt in Europa, USA, Kanada, Australien, Japan

Cover: Foto ©ninafisch / pixelio.de

Manufactured and distributed by brebook publishing software
(www.brebook.com)

Adolf Beer

Die Zusammenkünfte Josefs II. und Friedrichs II. zu Neisse und Neustadt

DIE ZUSAMMENKÜNFTE

JOSEFS II. UND FRIEDRICHS II.

ZU NEISSE UND NEUSTADT.

ADOLF BEER.

Das grosse Bündniss, welches die diplomatische Kunst des Fürsten Kaunitz gegen Preussen heraufbeschworen, war durch den Tod der Kaiserin von Russland, Elisabeth, brüchig geworden. Die letzten Hoffnungen, die Macht des Preussenkönigs trotz seines bewunderungswürdigen Widerstandes schliesslich doch zu zermalmen, waren vernichtet. Durch die Unterstützung Russlands kam Friedrich in die Lage, in dem Kampfe gegen Oesterreich Stand zu halten und endlich einen Frieden zu erringen, der ihn im vollständigen Besitz seiner Lande beliess.

Das politische System, welches jener grossen Coalition zu Grunde lag, wurde aber trotz des Misserfolgs von dem österreichischen Staatskanzler als das einzige richtige für die Monarchie bezeichnet. An den Grundgedanken desselben hielt er nach wie vor fest. Er hatte sich mit jenen Ideen zu sehr identificirt, um sie so leicht wieder aufgeben zu können. Selbst als die Thronbesteigung Katharina's die leisen Hoffnungen, die sich an diesen Regierungswechsel knüpften, nicht realisirte, war Kaunitz nicht davon abzubringen, dass Oesterreich ausschliesslich und allein in dem Bündniss mit Russland und Frankreich einen Schutz gegen die Macht an der Spree erhalten könne. Mit scharfem und richtigem Blicke erkannte er den Umschwung, der sich in dem europäischen Staatensysteme durch das Emporkommen Preussens vollzog. Und dass der österreichischen nur allzuoft übergreifenden Politik ein Damm entgegengesetzt wurde, indem sich Friedrich hart an ihre Fersen heftete, wurde Kaunitz nicht müde in den mannigfachsten Wendungen zu wiederholen.

Die anwachsende Macht Preussens, setzte er auseinander, bringe Oesterreich in die Lage, sein beständiges Augenmerk

1*

dorthin zu richten, woher die grösste Gefahr drohe. Denn die Oesterreich zu Gebote stehenden militärischen Hilfsmittel reichen gegen Preussen und Frankreich gemeinschaftlich nicht aus. Höchstens mit der erstgenannten Macht könne man es aufnehmen. Aus diesem Grunde entsprach auch seiner Ansicht nach das Bündniss mit Frankreich weit mehr dem Interesse und Bedürfnisse des österreichischen Staates, als jenes mit den Seemächten. Kaunitz verhehlte sich zwar nicht, dass Frankreich, obwohl es momentan in dem Bündnisse mit Oesterreich auch sein Interesse gewahrt finde, dennoch früher oder später zu seinem alten System, zu seiner alten gehässigen Gesinnung gegen Oesterreich zurückkehren könnte und einem Krieg in den Niederlanden nicht abgeneigt sein würde, indem dadurch England der härteste Schlag zugefügt werden könnte. Allein sein Augenmerk richtete er auf die Gegenwart, sich genug Geisteskraft zutrauend, um in der Zukunft bei etwaigen Eventualitäten gegen die drohenden Uebel das rechte Heilmittel zu finden. Eine gewisse Beruhigung gewährten ihm auch die freundschaftlichen Beziehungen Oesterreichs zu Spanien, indem Frankreich nicht wagen werde, seinen oppositionellen Gelüsten gegen das Haus Habsburg-Lothringen die Zügel schiessen zu lassen, so lange das gute Einvernehmen desselben mit Spanien fortdaure. Aeussersten Falles rechnete er mit Zuversicht darauf, dass England nie abgeneigt sein werde, die alten Verbindungen wieder anzuknüpfen, wenn Oesterreich eine Verständigung mit den Seemächten suchen würde.

Momentan hatte Oesterreich durchaus keinen Grund zu einer Aenderung seines politischen Systems, da Frankreich seinen Verpflichtungen während des letzten Kampfes im Wesentlichen getreulich nachgekommen war, und die kleinen Anzeichen von Untreue, die auch dem österreichischen Staatskanzler nicht unbekannt geblieben waren, wogen in seinen Augen nicht schwer. Noch immer schien es zweifellos, dass England das Bündniss mit Oesterreich nur zu eigenen Zwecken ausgebeutet habe und ausbeuten werde. Bei einem Bündnisse mit England und Preussen konnte Oesterreich, nach der Ansicht des Staatskanzlers, seine Rechnung nur schlecht finden; auch eine Allianz mit den Seemächten allein keine vollständige beruhigende Sicherstellung gewähren, da Friedrich sodann seine ehemaligen Beziehungen zu Frankreich wieder anknüpfen müsste. Käme es aber zu einem

Kriege, könnte man sich auf die Hilfe Englands nur gegen Frankreich, nie aber gegen Preussen Hoffnung machen. Ebensowenig würde das britische Ministerium gegen die Pforte eine Unterstützung zu gewähren gewillt sein. Auf der andern Seite, welche grossen Vortheile gewährte Frankreich! Früher, sagte Kaunitz, waren die Niederlande und die Lombardei wie abgesonderte Gebiete des österreichischen Staatskörpers zu betrachten, deren Vertheidigung die schwersten Opfer erforderlich machte, während in dem letzten Kriege diese Gebiete der Monarchie nicht nur nicht zur Last fielen, sondern auch noch die ergiebigste Unterstützung an Land und Leuten lieferten.

Bei ihm blieb es demnach auch nach dem Kriege ausgemacht: Oesterreich müsse bei seinen defensiven Verbindungen mit Frankreich, die so grosse Vortheile abwarfen, beharren. Auch seine Auffassung des Verhältnisses des Kaiserstaates zu Russland war im Wesentlichen intact geblieben. Russland war seiner Meinung nach ein natürlicher Bundesgenosse Oesterreichs, dem man jede mögliche Rücksicht zollen musste. Zwischen Russland und Oesterreich konnten Eifersucht und Streitigkeiten nicht Platz greifen, und das eigentliche Staatsinteresse Beider gebot, auf die Türkei und Preussen das vorzüglichste Augenmerk zu richten. In der That hatte sich auch Russland von diesen Ideen bis zum Tode Elisabeths leiten lassen, und die Aenderung, welche seitdem durch Anknüpfung intimer Beziehungen zu Preussen eingetreten war, schien dem österreichischen Staatskanzler im Widerspruche mit aller Erfahrung und jeder vernünftigen Vorsicht zu stehen und nur aus unrichtigen Begriffen und unberechtigten Vorurtheilen herzurühren.[1]

Welch scheinbaren Gleichmuth auch Kaunitz über die Abtrünnigkeit Russlands zur Schau trug, er würde es mit besonderer Freude begrüsst haben, wenn sich die Gerüchte, die über ein geheimes Bündniss mit Preussen im Schwunge waren, nicht verwirklicht hätten. Bis zum letzten Momente erörterte er alle Möglichkeiten, die einen Abschluss desselben hindern könnten. Allein die Interessen Russlands und Oesterreichs gingen damals in der polnischen Frage weit auseinander, und die Erklärungen, die Oesterreich auf einige Anfragen über die

---

[1] Dieser Darstellung liegt eine Instruction an Lobkowitz, der als Gesandter nach Russland gesendet wurde, vom 5. Nov. 1763 zu Grunde.

bevorstehende Wahl eines neuen polnischen Königs in Petersburg abgeben liess, entsprachen so wenig den russischen Tendenzen, dass schon im Herbste 1763 mit grosser Wahrscheinlichkeit der Abschluss einer russisch-preussischen Allianz angenommen werden konnte. Einige kleine, unbedeutende und
auch resultatlose Annäherungsversuche abgerechnet, blieben die
Beziehungen Oesterreichs zu Russland kühl bis ans Herz hinan.
Fürst Lobkowitz, der den österreichischen Hof in Petersburg
vertrat, konnte lange Jahre hindurch Uebungen in der Rolle
eines Beobachters anstellen, ohne, einige geheime Nachrichten
abgerechnet, in officieller Weise wichtige politische Fragen zu
verhandeln.

Das Verhältniss zu Russland blieb natürlich auf jenes zu
Preussen nicht ohne Rückwirkung. Als die polnische Königs-
frage auf der europäischen Tagesordnung erschien, machte
Oesterreich wohl einige schüchterne Versuche, mit Friedrich II.
zu einer Verständigung zu gelangen. Allein Ströme von Blut
trennten die beiden Nachbarstaaten von einander; der König
von Preussen hatte viel zu viel Erbitterung gegen den Mann
eingesogen, dessen Gewandtheit es gelungen war, ihm eine
Schaar von Gegnern auf den Hals zu laden, und so wenig
wahre Sympathie er dem nordischen Kolosse entgegen bringen
mochte, er nahm das Bündniss mit Russland in der Isolirtheit,
in der er sich befand, bereitwilligst an. Es ist möglich, dass
bei einem etwaigen Cabinetswechsel in Oesterreich das Misstrauen Preussens geschwunden wäre, aber hieran war nicht zu
denken, da Maria Theresia von den richtigen Ansichten ihres
Staatskanzlers nur zu sehr überzeugt war, auch eine andere
bedeutende Persönlichkeit in ihren Kreisen nicht in Sicht war,
um auch nur im entferntesten den Gedanken einer Beseitigung
des Fürsten Kaunitz aufkommen zu lassen. Zu Kaunitz konnte
Friedrich kein Vertrauen fassen, und so standen die beiden
Gegner einander fortwährend beaufsichtigend gegenüber, auf
Schritt und Tritt auf der Lauer, um die gegenseitigen Massnahmen zu erspähen.

Hievon abgesehen, lebte man wenigstens äusserlich in
scheinbar gutem Einvernehmen. Einige Fragen, die nach ge-
schlossenem Frieden der Lösung harrten, wurden in einfachster
Weise zum Abschluss gebracht, auch fehlte es an Versicherungen
des Wohlwollens und freundlicher Gesinnungen nicht. Inner-

lich war und blieb man entfremdet. Kaunitz war davon überzeugt, dass das Hauptaugenmerk Preussens beständig gegen
Oesterreich gerichtet sei, und keine Gelegenheit würde verab-
säumt werden, um dem Erzhause einen empfindlichen Streich
zu versetzen; nur hoffte er, dass der kriegerische Geist des
Königs durch das zunehmende Alter und die geschwächte
Leibeskraft abgenommen haben würde. Der König werde daher nicht zu leicht wieder zu den Waffen greifen, indem Oesterreich sich in guter Verfassung befände. [1] Und Friedrich witterte
nicht minder überall Winkelzüge des Staatskanzlers, nicht im
geringsten darüber im Zweifel, dass die Wiener Kreise unaufhörlich darauf sännen, ihm Schaden zuzufügen, sich auch
durch die Erfahrungen im letzten Kriege nicht abschrecken
lassen würden, einer neuen Coalition, wenn Zeit und Umstände
günstig, die Hand zu bieten. In dem Bündnisse mit Russland
erblickte Friedrich die einzige Sicherheit gegen einen abermaligen ihm von österreichischer Seite drohenden Angriffskrieg.

Erst im Jahre 1766 gewann es für kurze Zeit den Anschein, dass eine Besserung der gegenseitigen Beziehungen
nicht ganz ausserhalb des Bereiches der Möglichkeit liege.
England trug sich damals wieder mit dem Gedanken eines neuen
Krieges gegen Frankreich. Zur Verwunderung Oesterreichs liess
das englische Ministerium in Wien sondiren, ob man nicht geneigt wäre, einer Verbindung Englands, Preussens und Russlands beizutreten, und wenn dies nicht beliebt würde, sich
wenigstens mit Preussen so weit auseinander zu setzen, dass
der Friede zwischen den beiden Nachbarstaaten erhalten werden könnte, wenn es zu einem Kampfe zwischen Frankreich
und England käme. Es schien dem englischen Ministerium
nicht unmöglich nunmehr zu erreichen, was ihm im Jahre 1755
misslungen war. Man glaubte in Wien zu wissen, dass die
Verhandlungen von Seiten Englands in Berlin durch den Erb-
prinzen von Braunschweig geführt würden, und aus einigen
Anzeichen entnehmen zu dürfen, dass Friedrich nicht ganz
abgeneigt war, auf die Intentionen Englands einzugehen. Den
Bemühungen des Londoner Ministeriums schrieb man es wenigstens
zu, dass von preussischer Seite ein ganz unvermutheter, durch
die zeitweiligen politischen Verhältnisse durchaus nicht veran-

[1] An Nugent vom 22. April 1766.

lasster Annäherungsversuch in Wien gemacht wurde. Der österreichische Gesandte in Berlin, General Nugent, dessen Berichte
sich bisher durch Inhaltslosigkeit ausgezeichnet hatten, berichtete
am 8. Februar 1766 über ein mit dem General Hord, der oft
mit dem Könige verkehrte, geführtes Gespräch. Hord fragte
den Vertreter Oesterreichs, ob man in Wien nicht an eine
Wiedereroberung Schlesiens denke, und als er darüber Versicherungen erhielt, dass man auf diesen Gedanken vollständig
verzichtet habe, richtete er an Nugent die weitere Frage, ob
es nicht im Interesse der beiden Staaten, Oesterreichs und
Preussens, liege, in eine förmliche Allianz zu treten. Aus dem
ganzen Gespräche ging nicht hervor, ob Hord etwa im Auf-
trage des Königs spräche, aber aus dem Umstande, dass der
preussische General auf diesen Gegenstand nochmals bei einer
andern Gelegenheit zurück kam, hielt sich Nugent berechtigt,
schliessen zu dürfen, dass Friedrich der Sache nicht ganz fern
stände. [1]

Kaunitz hielt diesen Bericht für wichtig genug, um dem
Gesandten in Berlin umfassende Instructionen zukommen zu
lassen. Er ging von der Voraussetzung aus, und in dieser
Beziehung traf er auch das Richtige, dass Preussen nicht geneigt sei, den Propositionen Englands zuzustimmen. Andererseits
meinte er: Friedrich wolle auch keine ganz abschlägige Antwort ertheilen und habe daher dem englischen Ministerium vor-
gestellt, wie wenig er gegen die widrigen Absichten Oesterreichs sicher gestellt sei, weshalb er seine ganze Macht zusammenhalten müsse und sich durch anderweitige Massnahmen
nicht schwächen dürfe, er sei jedoch geneigt in ein Concert
mit England einzugehen, wenn auch Oesterreich dem Bündnisse
beitreten würde. In dem Antrage Hord's sah Kaunitz einen
Oesterreich gelegten Fallstrick, um dieses in Frankreich oder
in England, oder bei beiden zugleich zu verdächtigen, denn
er glaubte annehmen zu sollen, dass Friedrich sich nicht gerade
Hord's bedient haben würde, wenn es in seiner ernstlichen Absicht gelegen wäre, mit Oesterreich in ein allianzmässiges Verhältniss einzutreten.

Kaunitz schrieb dem Gesandten eine Reihe von Grund-
sätzen zur Richtschnur bei etwaigen Gesprächen in dieser

---

[1] Nugent vom 8. Februar 1766.

Richtung mit dem Könige oder mit Mitchell, dem Gesandten Englands, vor. Oesterreich denke an keine Wiedereroberung Schlesiens, hege überhaupt keinerlei Kriegsgelüste und wünsche nichts so sehr, als die Ruhe im allgemeinen und im deutschen Reiche insbesondere aufrecht zu erhalten. Die Kaiserin richte ihre Aufmerksamkeit ausschliesslich auf die inneren Zustände ihrer Länder, auf die Regelung der Finanzen und die Hebung des Handels und der Gewerbe. Man müsse doch dem österreichischen Hof so viel Einsicht zutrauen, dass er nicht blindlings zu Werke gehen werde, sondern Umständen und Verhältnissen Rechnung trage. Es liege doch klar zu Tage, dass weder Freunde noch Feinde Oesterreich die Wiedereroberung Schlesiens aufrichtig gönnen, auch schlage man in Wien die Macht Preussens nicht gering an. England solle daher endlich der Versicherung Glauben schenken, dass Preussen nicht das Geringste von Oesterreich zu befürchten habe, wenn auch England und Frankreich in einem Kampfe begriffen sein sollten.

Die Verbindung mit Preussen wurde als ein weitausgehendes Werk hingestellt, welches nach Beschaffenheit der politischen Umstände und bei den vorherrschenden Ansichten Preussens unmöglich zu Stande kommen könnte. Wenn man die Stellung Preussens Oesterreich gegenüber seit 26 Jahren ins Auge fasse, so könne man Oesterreich unmöglich eine freundschaftliche Gesinnung gegen diese Macht zumuthen. Erst kürzlich habe Friedrich die gehässigsten Insinuationen bei der Pforte angebracht, um das Misstrauen derselben gegen Oesterreich zu schüren. Trotz alledem wünsche man den Frieden mit Preussen, und so sehr man den im Jahre 1756 geschlossenen Tractat mit Frankreich zu halten gesonnen sei, könne England bei einem etwaigen Kriege zur See auf die Neutralität Oesterreichs sicher rechnen.

Zu dieser Darlegung wurde General Nugent dem Gesandten Mitchell gegenüber authorisirt. Falls der König selbst mit ihm auf diese Dinge zu sprechen käme, hätte er sich blos auf allgemeine Versicherungen zu beschränken, wie sehr Oesterreich ein wahres Verlangen trage, zur Aufrechterhaltung des Ruhestandes beizutragen und insbesondere mit dem König in gutem Einvernehmen zu leben. [1]

---

[1] An Nugent 22. Apr. 1766 in den Beilagen.

Von preussischer Seite geschah in den nächsten Monaten
kein Schritt zu einer weiteren Annäherung. Wohl aber kam
der Gesandte Englands in mehreren Gesprächen auf die Frage
zurück, ob für Oesterreich ein Bündniss mit England und
Preussen nicht vortheilhafter wäre, als jenes mit Frankreich.
Und als Nugent, von der ihm ertheilten Instruction Gebrauch
machend, die Gesichtspunkte seines Hofes auseinander zu setzen
sich bemühte, antwortete Mitchell nicht ohne Verwunderung:
er sei nunmehr überzeugt, dass Oesterreich zu keiner Allianz
mit Preussen zu bewegen sei.[1] Indessen fand auch Friedrich
das von England vorgeschlagene Bündniss nicht in seinem Interesse gelegen und lehnte die hieraufbezüglichen Anträge ab.
Der englische Vertreter sprach sich zu Nugent darüber aus;
der König, sagte er, habe gegen sein Interesse gehandelt und
das Bündniss in die Schanze geschlagen, sowohl aus Eigensinn,
als auch Russland zum Trotz.[2]

Bei Friedrich mochte zu dieser Ablehnung die Ueber-
zeugung mitgewirkt haben, dass man in Wien in seinen gegneri-
schen Gesinnungen gegen Preussen noch immer beharre, denn
von seiner Seite geschah ein bedeutsamer Schritt, eine Annäherung zu ermöglichen. Am 8. Juni liess der preussische
Minister, Finkenstein, den General Nugent rufen, um ihm die
Mittheilung zu machen, dass der für Wien bestimmte preussische
Gesandte Edelsheim am 20. Juni daselbst einzutreffen habe.
Im Laufe des Gespräches berührte er auch die bevorstehende
Reise des Kaisers nach Sachsen; man glaube in Berlin, der
Kaiser werde sich nach Torgau begeben, und da dieser Ort
in der Nähe liege, möchte auch der König sich diese Gelegen-
heit zu Nutze machen, um die persönliche Bekanntschaft des
Kaisers zu machen. Nugent erwiderte: er habe zwar von der
Reisedisposition des Kaisers keine Kenntniss, er zweifle jedoch
nicht, dass demselben eine Ueberraschung des Königs sehr
angenehm sein werde.[3] Durch diese Redensart wollte der Gesandte es ablehnen, in bestimmte Verabredungen über den
Gegenstand einzugehen. Er enthielt sich auch der Bemerkung,
dass er darüber seinem Hofe einberichten wolle, damit, wenn

[1] Nugent am 14. Juni 1766.
[2] Nugent am 9. Decbr. 1766.
[3] Surprise lautet der Ausdruck in der Depesche.

diese Zusammenkunft in Wien nicht beliebt würde, sie um so
leichter vermieden werden könnte.[1]

In Wien scheint man die Absicht des Königs, noch ehe
der Bericht des Gesandten anlangte, vermuthet zu haben, denn
am 14. Juni erstattete Kaunitz einen Vortrag an die Kaiserin,
in welchem er die Gründe darlegte, die gegen die Zusammenkunft sprachen. Es sei zu fürchten, setzte er auseinander, dass
man diesen Schritt des Kaisers falsch deuten und die Veranlassung zur Zusammenkunft in einem Enthusiasmus des
Monarchen für die Person Friedrichs suchen würde; dies wäre
aber gegen die Würde des Kaisers. Er wies auf alle möglichen
Gerüchte hin, die in Folge dieser Entrevue entstehen könnten
ungerechtfertigte Annahmen über die etwaigen Abmachungen
würden nicht ausbleiben, Eifersüchteleien, Misstrauen und Vermuthungen allerlei Art im Schwunge sein. Am meisten jedoch
fiel ihm aufs Herz, dass vielleicht doch Josef von dem Könige
der Art umgestimmt werden könnte, wodurch das bisherige
politische System vollständig aus den Fugen ginge. Wie leicht,
meinte er, könne man sich bei einem so kurzen Zusammensein
täuschen, im Guten und Schlimmen, und die empfangenen Ein-
drücke könnten für die Zukunft die traurigsten Folgen nach
sich ziehen.

Von der Annahme ausgehend, der Kaiser würde sich nur
allzuleicht bestimmen lassen, dem Wunsche des Königs nach-
zukommen, bat er die Kaiserin, zu einem unfehlbaren Mittel
zu greifen, um ihn davon abzubringen: sie möge ihn bitten,
aus Freundschaft für sie diesen Schritt nicht zu thun. Kaunitz
fürchtete nur, es werde schon Alles abgemacht sein, ehe der
Brief der Kaiserin ihren Sohn erreiche. Nugent werde sich
direct an den Monarchen gewendet haben und schon im Besitz
der kaiserlichen Antwort sein. Indess sollte die Kaiserin jedenfalls schreiben.[2]

Noch ehe Nugent im Besitze irgend einer Weisung sein
konnte, wurde er von Finkenstein zu einem zweiten Besuche
eingeladen. Dieser eröffnete ihm am 17. Juni Vormittags, er
habe den König von der bevorstehenden Reise des Generals
nach Carlsbad in Kenntniss gesetzt und den Auftrag erhalten,

[1] Nugent am 9. Juni 1766.

[2] Vortrag an die Kaiserin vom 14. Juni 1766 in den Beilagen.

den Gesandten zu ersuchen, im Namen des Königs dem Kaiser
„alles nur ersinnliche Freundschaftliche zu bestellen". Der König
trage das grösste Verlangen, denselben kennen zu lernen und
wünsche benachrichtigt zu werden, ob es dem Kaiser nicht
gefällig wäre, Zeit und Ort der Zusammenkunft zu bestimmen,
dem Könige würde es sehr lieb sein, wenn Lichtenberg in
Sachsen dazu erwählt würde. Bezüglich des Ceremonielles wisse
der König ohnehin, dass auch der Kaiser darauf keinen be-
sondern Werth lege. Bei einer nochmaligen von Finkenstein
gewünschten Zusammenkunft am 21. Juni wiederholte der
Minister, dass der König das sehnlichste Verlangen zu einer
kurzen Unterredung mit dem Kaiser habe, und fragte Nugent,
ob er noch keine Befehle erhalten habe: der Ort wäre dem
Könige ganz gleichgültig. Nugent wies auf die Kürze der Zeit
hin, innerhalb deren es daher ganz unmöglich sei, dass ihm
schon dermalen Weisungen aus Wien zugegangen wären: er
werde sich morgen nach Dresden begeben, die Willensmeinung
des Kaisers einholen und darüber berichten. Nugent zeigte
dem Staatskanzler an, dass er seine Reise deshalb früher antrete,
um die Zusammenkunft möglich zu machen, falls der Kaiser
sich entschliessen sollte, darauf einzugehen. [1]

Indessen war in Wien die Depesche Nugents vom 9. Juni
eingelangt. Kaunitz hatte mittlerweile seine Ansicht geändert.
Denn in einem Vortrage vom 17. Juni an die Kaiserin hebt
er hervor, dass man in Wien zwar den Antrag Finkensteins
ganz ignoriren könne, da Nugent den Minister in vollständiger
Ungewissheit gelassen habe, ob er an seinen Hof berichten werde,
oder nicht. Zugleich habe jedoch der Gesandte die Bemerkung
hingeworfen: eine Ueberraschung von Seiten des Königs werde
dem Kaiser nur angenehm sein; in Folge dessen würde Friedrich
darnach seine Massnahmen treffen und nicht erst eine Antwort
des Kaisers abwarten. Alles wohl überlegt, fuhr Kaunitz fort,
kann eine Zusammenkunft, wenn der Kaiser sich sehr liebens-
würdig zeige und sich sehr klug benehme, mehr Gutes als
Schlimmes im Gefolge haben, vorausgesetzt, dass dieselbe in
der Form einer Ueberraschung ohne Zustimmung des österreichischen Hofes erfolgt, wofür der Brief von Nugent immer
als Zeugniss dienen kann. Es bleibe nun nichts anderes übrig,

[1] Nugent am 21. Juni 1766.

als dem Kaiser zu schreiben, wenn der König von Preussen
ihn wirklich aufsuchen sollte, die Zusammenkunft nicht abzulehnen, aber alles zu vermeiden, was den Anschein gäbe, als
habe er sie gesucht.

Und in einem Vortrag vom 23. Juni kam der Staatskanzler, nachdem die spätern Depeschen Nugents in Wien eingetroffen waren, auf die Sache nochmals zurück. Nachdem der
König von Preussen, liess sich Kaunitz vernehmen, in positiver
Weise eine Zusammenkunft mit dem Kaiser nachgesucht, sei
es ohne zu verletzen nicht thunlich, eine abschlägige Antwort
zu ertheilen. Da es nun möglich sein könnte, dass der Kaiser
zögern würde, auf den Antrag einzugehen, fürchtend, es würde
der Kaiserin nicht angenehm sein, möge sie ihrem Sohne schreiben, dass sie dazu einrathe.[1]

Wir besitzen leider, wie es scheint, nicht die Briefe,
welche zwischen der Kaiserin und ihrem Sohne über diese Angelegenheit gewechselt worden sind. In dem von Arneth
herausgegebenen Briefwechsel ist nur ein Schreiben aufgenommen, worin Josef seiner Mutter anzeigt, er habe ihr schon
von Torgau gemeldet, dass sich die Zusammenkunft mit dem
Könige von Preussen zerschlagen habe, und er hoffe ihren
Wünschen entsprochen zu haben. Ob die Kaiserin demnach
den Anträgen ihres Staatskanzlers nicht stattgegeben und eine
Berührung ihres Sohnes mit ihrem bisherigen Gegner perhorrescirt
hat, oder ob später nach dem 23. Juni abgesendete Briefe dem
Kaiser viel zu spät zukamen, wissen wir nicht. Wahrscheinlich ist die erste Annahme.[2]

Der Kaiser nahm bei seiner Abreise aus Dresden fast
mit Bestimmtheit an, dass sich Friedrich in Torgau einfinden
werde; er besprach mit Nugent fast alle Punkte, die von dem
Könige zur Sprache gebracht werden könnten.[3] In der That
war Friedrich auf dem Sprunge, abzureisen. Er entsendete
Kameke zur Begrüssung Josefs, der aber sorgfältig vermied,
die beabsichtigte Zusammenkunft auch nur mit einem Worte

[1] Kaunitz an die Kaiserin vom 17. und 23. Juni 1766, in den Beilagen.
Der Brief Josefs ist vom 30. Juni; in dem darauffolgenden vom 5. Juli
freut er sich darüber, dass die Mutter sein Benehmen gebilligt habe.
[2] Nugent an Kaunitz, 30. Juni 1766.

zu berühren. Friedrich scheint aus diesem Grunde auf sein Vorhaben verzichtet zu haben.[1]

Trotz des Scheiterns dieser Zusammenkunft gestalteten sich die Beziehungen der beiden Nachbarstaaten wenigstens äusserlich ziemlich freundlich. Maria Theresia sendete sogar einmal dem Könige Trüffeln. Von politischen Fragen ist in der ganzen Correspondenz der darauffolgenden zwei Jahre nur oberflächlich die Rede, obwohl sich mittlerweile in den Anschauungen der leitenden Wiener Kreise bedeutsame Wandlungen vollzogen.

So geringen Antheil der österreichische Staatskanzler an den polnischen Angelegenheiten zu nehmen schien, so sehr er sich die Miene gab, eine vollständige Gleichgültigkeit hinsichtlich der daselbst vor sich gehenden Veränderungen an den Tag zu legen, er verfolgte aufmerksamen gespannten Blickes die Haltung Russlands, welches beim Beginn des Jahres 1768 eine fast dominirende Stellung in Polen erlangt hatte. Der Abschluss eines Tractats zwischen Russland und der Republik stand damals bevor, wodurch ersteres für künftighin einen legalen Anhaltspunkt gewann, sich in alle inneren Angelegenheiten Polens zu mischen, und Kaunitz war der Ansicht, man sei in Petersburg nahe daran, über Polen in ähnlicher Weise zu verfügen, wie früher über Kurland, welches nun fast als eine russische Provinz zu betrachten sei.

Das allgemeine politische Gleichgewicht wurde nach der Meinung des österreichischen Staatskanzlers dadurch gestört:

[1] Hiernach berichtigen sich die Worte Friedrichs in seinen Memoiren VI. p. 17 von selbst. Die Darstellung des Königs war nicht tendenzlos. Ehe er sich dazu entschloss, dem österreichischen Gesandten diesbezügliche Eröffnungen machen zu lassen, suchte er sich des Petersburger Hofes zu versichern, dem er eröffnen liess, dass Joseph II. den Wunsch habe, mit ihm zusammenzutreffen. Panin stimmte mit dem Könige über die vermeintliche Absicht, die Josef zu diesem Schritte bewog, überein, nämlich: que comme le nouvel Empereur montrait l'application pour les affaires et témoignait vouloir de diriger lui-même, l'idée de rechercher l'amitié de S. M. venait peut-être de sa propre part et se faisait dans l'intention de contrecarrer le Prince Kaunitz, qu'on ne croyait pas si bien accrédité auprès delui qu'auprès de l'Imp.-Reine sa mère. Häusser's Excerpte in d. Forschungen z. deutschen Geschichte, Band IX. S. 474. Panin beruhigte den Gesandten vollkommen; man sah in Petersburg dieser Begegnung ohne Verdacht entgegen. In Warschau erzählte man sich später, Lacy hätte die Zusammenkunft verhindert. Benoit v. 9. Juli 1766 a. a. O. S. 1.

die Nachbarstaaten könnten dem nicht mit Gleichgültigkeit zusehen.

Für Oesterreich insbesondere barg das weitere Vordringen der moskowitischen Macht mancherlei Gefahren in sich. Und doch war es bei seinem damaligen politischen Systeme nicht in der Lage, sich dem Umsichgreifen Russlands entgegen zu setzen. Die Furcht lag allzu nahe, sich entweder in einen Krieg mit Russland zu verwickeln, der um jeden Preis vermieden werden musste, da man auf keinerlei Unterstützung rechnen konnte, oder in resultatloser Weise sich vorzuwagen und dadurch das Ansehen und die Würde der Krone zu schädigen.

Nur eine Aenderung des bisher festgehaltenen politischen Systems konnte Abhilfe gewähren. Es lag klar zu Tage, dass die Beziehungen zu Preussen eine ganz andere Gestalt gewinnen mussten, ehe Oesterreich mit vollständiger Sicherheit gegen Russland auftreten konnte. Auf das Angelegentlichste erörterte mit einem Male der Staatskanzler den Gedanken, ob eine Verständigung mit Friedrich angebahnt werden könnte, ohne dass zugleich Frankreich verletzt würde. Kaunitz hielt dies nicht für unmöglich. Der weitsichtige österreichische Staatsmann fasste dabei zugleich ins Auge, durch eine Annäherung an Preussen den Weg zu ebnen zu einer Verständigung über die preussische Thronfolge, ein Punkt, mit dem er sich, wie aus einigen Actenstücken hervorgeht, viel beschäftigt zu haben scheint. Der König und sein Bruder waren alt, der Kronprinz hatte noch keine männlichen Erben: das Aussterben der männlichen Linie des brandenburgischen Hauses lag nicht ganz ausserhalb des Bereiches der Unwahrscheinlichkeit. Ein kluger Staatsmann muss bei Zeiten Vorkehrungen treffen, um von den Ereignissen nicht überrascht zu werden. Friedrich beschäftigte sich, nach der Annahme des Fürsten Kaunitz, mit dem Plane, die Succession in den kurbrandenburgischen Landen auf die weibliche Linie zu übertragen, wobei auch Oesterreich ein Wort mitzureden hatte.

Kaunitz gab daher den Rath, dem Könige von Preussen die Mittheilung zu machen, man sei entschlossen, bei der polnischen Republik den Antrag zum Abschlusse eines ähnlichen Vertrages zu stellen, wie derselbe nunmehr zwischen Polen und Russland bevorstand; sei aber gesonnen, keinen Schritt in dieser Beziehung zu thun, wenn man nicht die vollständige

Zusicherung habe, dass der König nicht nur keine Hindernisse entgegensetzen, sondern auch nach dem Vorgange Oesterreichs bei dem bevorstehenden Reichstage einen ähnlichen Freundschafts- und Garantievertrag zwischen der Republik und Preussen vorschlagen werde. Gelang dies, so wurde von Vorneherein die Einsprache Russlands gegen eine derartige Proposition Oesterreichs zum Schweigen gebracht und jede Gefahr eines Bruches mit der russischen Macht vermieden, da von Preussen nicht zu befürchten war, dass es Russland gegen das Erzhaus unterstützen werde. Russland konnte dann, wenn der Tractat mit der Republik zu Stande gekommen war, nicht mehr den absoluten Herrn in Polen spielen. Oesterreich und auch Preussen erhielten dadurch Anhaltspunkte, sich ebenfalls an den inneren Angelegenheiten Polens zu betheiligen. Dass Polen mit Freuden zugreifen würde, wenn ihm von Seite Oesterreichs ein derartiger Antrag gemacht würde, daran zweifelte Kaunitz nicht, und auf Russland konnte ein derartiger Schritt nur den tiefsten Eindruck machen, indem es dadurch genöthigt würde, mit grösserer Mässigung künftighin in Polen vorzugehen. Und selbst wenn die Polen verblendet genug sein sollten, das Ansinnen Oesterreichs abzulehnen, so hatte man dem übrigen Europa doch gezeigt, mit welcher Aufmerksamkeit man in Wien die polnischen Dinge verfolge. Jedenfalls musste eine Zustimmung oder Ablehnung von Seiten Polens eine grössere Klarheit über die daselbst befolgte Politik verbreiten. [1]

Es scheint nicht, dass der Antrag des Staatskanzlers die Billigung der kaiserlichen Majestäten gefunden hatte, denn es ist nicht ersichtlich, dass in der bezeichneten Richtung ein Schritt in Berlin geschehen war.

Die Neigung, mit Preussen in nähere Beziehungen zu treten und den bisherigen Groll fahren zu lassen, dauerte in der nächsten Zeit an. Eine von der eingewurzelten Ansicht abweichende Auffassung brach sich bei Kaunitz durch. Er sprach als seine Ueberzeugung aus, dass Friedrich den Frieden dauernd wünsche, Russlands eigentlich überdrüssig sei und am liebsten in eine innige Verbindung mit Oesterreich treten möchte, wenn er sicher wäre, dass man in Wien den Verlust Schlesiens vergessen könnte. Kaunitz hielt es für wünschenswerth, das

Considérations sur l'état des affaires en Pologne, le 1 Janvier 1768.

Misstrauen des Königs über diesen Punkt zu bannen. Durch eine Verständigung Oesterreichs mit Preussen konnten mancherlei Vortheile für das Erzhaus erwachsen, das Ansehen desselben Frankreich gegenüber erhöht werden, welches dann auch mehr Rücksichten und ein grösseres Entgegenkommen in wichtigen Angelegenheiten an den Tag legen werde, als dies nach den in den letzten Jahren gemachten Erfahrungen der Fall gewesen war. Bei einem Manne von dem Charakter des Fürsten Kaunitz war eine totale Aenderung seiner einmal gefassten Ansichten bezüglich der Allianz mit Frankreich, die er fast für die bedeutendste That seines Lebens ansah, schwer zu erwarten; allein es war jedenfalls ein bezeichnendes Symptom für die wenigstens momentane Wandlung in den politischen Grundsätzen des Staatskanzlers, dass er die Anbahnung eines intimen Verkehrs mit Preussen als eine recht wünschenswerthe Sache für die Monarchie hinstellte.

Kaunitz sah nur ein Mittel, dies Resultat zu erreichen: eine Zusammenkunft Josefs mit Friedrich. Er verkannte nicht die grosse Gefahr dieses Vorschlages. Wie leicht konnte Friedrich durch seinen Geist, seine Liebenswürdigkeit und die ganze Ueberlegenheit seines Wesens einen tiefen Eindruck bei dem Kaiser hervorrufen und ihn vielleicht den bisherigen am Wiener Hofe vertretenen politischen Ansichten abspenstig zu machen suchen. Er verhehlte es dem Monarchen auch nicht, dass er mit einer gewissen Furcht einer solchen Zusammenkunft entgegensehen möchte, wenn er nicht auf die Klugheit und Kaltblütigkeit desselben felsenfest bauen würde.

Kaunitz nahm an, dass Friedrich und Josef schon 1768 zusammentreffen könnten, und legte deshalb einige Bemerkungen vor, die für diesen Fall berechnet waren. [1] Es war dies wenige Tage nachdem die Nachricht von der Kriegserklärung der Pforte gegen Russland nach Wien gekommen war. Der Staatskanzler erkannte die Nothwendigkeit, bei Zeiten Vorkehrungen zu treffen, um den Rückwirkungen, welche dies Ereigniss auf die Monarchie haben konnte, vorzubeugen. Schon im ersten Momente, nachdem er die Tragweite dieser Nachricht nach allen Seiten erwogen hatte, sah er in einer Annäherung und Verständigung

---

[1] Lettre à Sa Maj. l'Empereur, le 28 Août 1768, in den Beilagen.

der beiden Nachbarreiche das einzige Mittel, sich gegen manche
im Schoosse der Zukunft schlummernde Gefahr zu wappnen. [1]
    Das Jahr 1768 ging vorüber, ohne dass sich die beiden
Monarchen kennen gelernt hatten. Es mochte sein, dass Kaunitz
abermals einen entgegenkommenden Schritt von Friedrich erwartete, der jedoch ausblieb, oder dass Josef keine Neigung in
sich verspürte, die Initiative zu ergreifen. Weder in den
zwischen Josef und Maria Theresia gewechselten Briefen, noch
in andern dem Schreiber dieser Zeilen bekannt gewordenen
Papieren findet sich irgend eine Andeutung, ob man den Plan
weiter verfolgte, oder welche Gründe ein Scheitern desselben
verursachten.

    Das Misstrauen zwischen den beiden Höfen scheint nach
wie vor fortgewuchert zu haben, wenigstens geht aus den sonst
inhaltsleeren Berichten des österreichischen Gesandten, Nugent,
hervor, dass man in Berlin die Allianz zwischen Oesterreich
und Frankreich fester wähnte, denn je, und da man Beweise
in Händen zu haben glaubte, dass Frankreich die Pforte zum
energischen Kampfe gegen Russland aufwiegele, so folgerte
man weiter, Oesterreich sei damit einverstanden. [2]

    Jedenfalls nahm die politische Situation die volle Auf-
merksamkeit des österreichischen Staatskanzlers in Anspruch.
Nugent, dessen Weisungen bisher zumeist ganz bedeutungslos
waren, erhielt bei seiner Anwesenheit in Wien, wohin er sich
nach seiner Carlsbader Cur begeben hatte, einige geheime Anmerkungen zur Darnachachtung. [3]

    Man habe nicht die Ansicht, heisst es daselbst, sich mit
dem Könige von Preussen in förmliche und bedenkliche Nego-
ciationen einzulassen; er solle jedoch denselben von zwei grossen
Wahrheiten zu überzeugen suchen. Einmal, beide Majestäten
wünschen die Ruhe wenigstens in Deutschland aufrecht zu erhal
en, und insbesondere mit dem Könige im besten Einvernehmen
zu leben, gleichzeitig aber habe der Gesandte hervorzuheben, dass
man nicht in Verlegenheit sein würde, wenn es Noth thäte,

[1] Ein zweiter Brief vom 28 Aout 1768 vom Staatskanzler an Josef, in den
    Beilagen.
[2] Brief Nugent's vom 19. April 1768.
[3] Einige geheime Anmerkungen für den Minister am Berliner Hofe, Herrn
    General von Nugent, vom 11. Oct. 1768.

einen neuen vieljährigen und heftigen Krieg mit Anstrengung
aller Kräfte zu führen.

Auf die erste Erklärung legte man ein besonderes Gewicht,
da man sich zur Annahme berechtigt hielt, dass Friedrich dem
österreichischen Hofe fortwährend kriegerische Pläne, und zwar
die Wiedereroberung Schlesiens, zuschob.

Der König sollte endlich diese vorgefasste Meinung fahren
lassen. Konnte ihn nicht der Hinweis auf die politische Stellung Oesterreichs eines Besseren belehren? Hatte man in Wien
nicht in den letzten Jahren Alles vermieden, was zu diesem
fortwuchernden Misstrauen Anlass geben konnte? Genügte
nicht die Einsicht, dass die Allianz mit Frankreich blos defen-
siver Natur war? Nugent sollte doch dem Könige den Kaiser
als einen Menschen schildern, der seine Leidenschaften zu be-
herrschen wisse, folglich nur den Frieden wolle. Die russisch-
preussischen Beziehungen seien Oesterreich gleichgültig, man
habe nicht den geringsten Schritt gethan, um Russland Preussen
abspenstig zu machen. Von den polnischen Angelegenheiten
habe man sich ganz fern gehalten, sei auch entschlossen, in
der gewählten Passivität zu beharren, wenn sich Preussen ruhig
verhalten und keine Truppen in die Republik einrücken lassen
werde. Man heuchelte, dass man über die Fortschritte Russlands in Polen weder besorgt noch eifersüchtig sei, da die von
dieser Macht drohende Gefahr zunächst Preussen und die Pforte
treffe. So lange diese Mächte in Unthätigkeit beharren, könne
Oesterreich ruhig die Hände in den Schooss legen, da es durchaus nichts zu fürchten habe. Schliesslich hob man hervor, dass
man sich an dem russisch-türkischen Kampfe nicht betheiligen
wolle und werde.

Wenn Friedrich von diesen Grundwahrheiten der österreichischen Politik überzeugt werden konnte, dann war es möglich, weiter zu gehen, denn eine für Oesterreich näher liegende
Gefahr erschien an dem politischen Horizont des europäischen
Himmels in Sicht. Alle Anzeichen deuteten wieder auf einen
bevorstehenden Krieg zwischen Frankreich und England. Und
da wollte man bei Zeiten dahin wirken, um denselben auf die
See zu beschränken. Wenn Preussen das Schwert in der Scheide
hielt, dann war eine Gefahr für den Continent nicht zu befürchten. Auch von dieser Wahrheit wünschte man den König
zu überzeugen.

Allerdings war das beste Mittel, dies zu erreichen, wenn ein Neutralitätsvertrag zwischen Oesterreich und Preussen geschlossen wurde. Allein vor einem Tractate mit Friedrich hatte der Staatskanzler eine bange Scheu. Er fürchtete seine Allianz mit Frankreich aufs Spiel zu setzen. Da es aber nicht unmöglich war, dass von Seite des Königs von Preussen ein derartiges Ansinnen gestellt werden könnte, erhielt Nugent den Auftrag, einen Antrag blos ad referendum zu nehmen, im Laufe des Gesprächs aber als seine Privatgedanken fallen zu lassen: solche Tractate würden ein grosses Aufsehen erregen, durch einen unmittelbaren Briefwechsel der beiden Souveräne liesse sich dasselbe erreichen.

Auch sonst sollte Nugent bemüht sein, etwaige Bedenken des Königs zu zerstreuen. Obzwar Kaunitz in Paris eine Wiederanknüpfung der durch den Krieg abgebrochenen Beziehungen zu Preussen zu hindern suchte und eine Absendung eines französischen Botschafters nach Berlin so weit als möglich hinausgeschoben wissen wollte, sollte doch Nugent, wenn darauf die Rede käme, seine Verwunderung äussern, dass die beiden Mächte sich nicht schon längst beschickt hätten, da doch Oesterreich und England allsogleich nach hergestelltem Frieden ihre diplomatischen Beziehungen angeknüpft haben. [1] Auch tauchte schon damals die bairische Erfolgefrage auf. Man glaubte in Wien zu wissen, dass Preussen verschiedenseitig den Verdacht errege. Oesterreich denke an die Erwerbung Churbayerns. Nugent sollte nun, wenn dieser Gegenstand zur Sprache käme, hinweisen, in welch weitem Felde diese Eventualität stünde: allenfalls würde auch der Rückfall der in der Pfalz gelegenen böhmischen Lehen dem Erzhause nicht streitig gemacht werden können. In Wien habe man nicht die Absicht wider die Reichsgesetze zu handeln und wisse ganz gut, dass die übrigen churbairischen Lehen Mannslehen seien. Einen etwaigen Antrag zum Abschlusse einer Convention behufs Regelung dieser Frage war Nugent ebenfalls ad referendum zu nehmen angewiesen. Zugleich sollte der Gesandte aber auch fallen lassen: der König hatte mehr Ursache, die Erbfolge seines Hauses in sorgfältige

---

[1] Dass Kaunitz einer Aufnahme der diplomatischen Beziehungen Frankreichs u Preussen entgegen arbeitete, geht aus den verschiedenen Depeschen an Mercy hervor.

Erwägung zu ziehen; wenn er noch bei Zeiten einen soliden
Plan ins Auge fassen und sich mit den kaiserlichen Majestäten
verständigen wolle, so dürften wohl zureichende Mittel gefunden
werden können, um die Succession der weiblichen Linie in allen
churbrandenburgischen Landen in vollkommen gesetzmässiger
Weise zu regeln.

In der That beschäftigte sich Kaunitz schon seit einigen
Jahren in Mussestunden mit der bairischen Erbfolge, und seinem
geschäftigen Geiste mochte die Regelung der Succession in
Preussen, die damals noch nicht gesichert war, eine gute Handhabe zur Erreichung seiner Absichten bieten. [1]

Endlich sollte Nugent auch dem lebhaften Wunsche des
Kaisers Ausdruck geben, wie sehr sein sehnsüchtiges Verlangen
dahin gerichtet sei, den König persönlich kennen zu lernen. --

So weit die Instruction an Nugent. Die grosse Bedeutung
derselben ist nicht zu verkennen. Auf eine Verständigung mit
Preussen steuerte der Staatskanzler mit vollen Segeln los. Die
kluge Politik Friedrichs, der seit der im Jahre 1766 gescheiterten
Zusammenkunft aus seiner Zurückhaltung nicht hervortrat, hatte
jedenfalls zu dieser Sinnesänderung theilweise beigetragen. Und
wenn auch Maria Theresia abgeneigt sein mochte, dass ihr
Sohn und ihr Gegner sich persönlich kennen lernten; vor den
Geboten der Politik mussten die persönlichen Stimmungen
zurücktreten.

Schon einige Wochen später war Nugent in der Lage,
von den ihm ertheilten Instructionen Gebrauch machen zu
können. Friedrich zeigte sich über die friedlichen Gesinnungen
der Kaiserin sehr erfreut. Auch er denke in Bezug auf Deutschland wie sie, sagte er dem Gesandten, seine Tractate mit Russland verbänden ihn blos zu gewissen Subsidien; seinetwegen
könne man sich in Polen herumbalgen, er werde sich in diese
Händel nicht einmischen, nur den Fall ausgenommen, wenn
man etwa die Absetzung des Königs beabsichtigen würde. Wir
sind Deutsche, fuhr der König fort, was liegt uns daran, ob
in Canada oder anderswo in Amerika sich Engländer und
Franzosen herumschlagen, ob Paoli den letzteren in Corsika zu
schaffen macht, ob Türken und Russen einander in den Haaren

---

[1] Hierüber ausführlich in meiner demnächst erscheinenden Abhandlung:
Beiträge zur Geschichte des bairischen Erbfolgekrieges.

liegen, so lange wir, das Haus Oesterreich und Ich, uns wohl
einverstehen, hat Deutschland von Kriegsunruhen wenig zu befürchten. Die Kaiserin und Ich haben viel kostspielige Kriege
mit einander geführet, was haben wir davon?[1] Der König
schlug eine Neutralitätsconvention vor. Nugent hielt sich ge-
treu an seine Instructionen, er nahm den Antrag zur Berichterstattung und schlug in pünktlicher Befolgung der ihm ertheilten Weisungen einen Briefwechsel vor. Friedrich erwiderte,
er könne doch nicht den Anfang machen, äusserte jedoch im
Laufe des Gespräches, es wäre vielleicht die Vermittlung einer
dritten Person, des Kurfürsten von Sachsen, wieder in Anspruch zu nehmen. Auch die Zusammenkunft Friedrichs mit
Josef kam zur Sprache; Nugent regte die Sache an, der König
ging bereitwillig darauf ein.[2]

Kaunitz antwortete am 28. Dec. 1768, der Kaiser sei
nach wie vor von dem aufrichtigen Verlangen beseelt, die Bekanntschaft des Königs zu machen: er werde sich im Sommer
des nächsten Jahres nach Schlesien begeben, er erwarte zu
hören, in welcher Weise eine Entrevue am schicklichsten eingeleitet werden könnte.

Am 8. Januar 1769 hatte Nugent bei einer Audienz Gelegenheit, sich des Auftrages zu entledigen. Die Bereitwilligkeit
des Königs wurde durch einige Bedenken gedämpft; ehe die
Zusammenkunft stattfinde, meinte er, müsse noch vorher ein
oder der andere Punkt geregelt werden. Vornehmlich die
polnischen Angelegenheiten lagen ihm am Herzen. Aus dem
von der Pforte erlassenen Manifeste ging hervor, dass man in
Constantinopel die Absetzung des Königs von Polen anstrebte.
Gerüchte von mancherlei Prätendenten waren im Umlaufe.
Man sprach von dem Prinzen Conti, einem sächsischen Prinzen;
auch der Schwiegersohn der Kaiserin, Albert von Sachsen,
wurde genannt. Friedrich hob mit besonderer Betonung hervor, dass er in dieser Beziehung gebunden sei, wenn man von

[1] Dies dürfte die Quelle für den bei Raumer, Beiträge u. s. w., Band 4,
S. 249 angeführten fast ähnlich lautenden Ausspruch des Königs sein.

[2] Vous avez bien raison, sagte er, nous nous donnerons foi de chevalier
comme François premier à Charles Quint, ce qui sera plus sûr que tous
les traités. Informez-en votre cour et me faites scavoir l'endroit et le
tems qu'on jugerois à propos pour cela. Nugent am 26. Nov. 1768.

diesem Vorhaben jedoch abstehen wollte, würde er sich nicht
weiter einmischen und nur die tractatmässigen Subsidien an
Russland bezahlen. Am besten wäre es allerdings, meinte er,
den Frieden zwischen der Pforte und Russland herzustellen.
Auch konnte der König den Verdacht nicht los werden, dass
Oesterreich ihn mit Russland entzweien wolle; schien sich jedoch zu beschwichtigen, als Nugent ihm erwiderte, dass man
ihn in Wien um seine Allianz mit der nordischen Macht nicht
beneide.[1]

Auch Finkenstein kam mit Nugent auf die Entthronung
des Königs von Polen zu sprechen und wünschte, diesen Stein
des Anstosses durch eine vergnügliche Aeusserung aus dem
Wege geräumt zu sehen.

In Wien sah man in diesen Auseinandersetzungen des
Königs immer die verdeckte Absicht, der Zusammenkunft überhaupt auszuweichen; der König fände dieselbe unter den gegenwärtigen Verhältnissen bedenklich, indem sie an manchen
Höfen einen ungünstigen Eindruck machen und von unangenehmen Folgen begleitet sein könnte. Wohl glaubte Kaunitz
die Mittel in Händen zu haben, um alle Zweifel und Muthmassungen des Monarchen Preussens zu zerstreuen. Allein dies
würde einer Rechtfertigung gleichgesehen haben und hierauf
wollte er sich nicht einlassen; nur zur Privatnachricht für
den Gesandten ging er auf einige Auseinandersetzungen ein.
Die Betheiligung an einer Entthronung Stanislaus Ponia-
towski's wies er als eine Chimäre zurück; jene Zumuthung,
liess er sich vernehmen, enthalte sogar etwas Beleidigendes;
man glaube sich schmeicheln zu können österreichischer Seits
bessere Proben von der Beurtheilung der Weltumstände und
der Staatsinteressen der Monarchie gegeben zu haben, als dass
dieser Argwohn auch nur im mindesten Platz greifen könnte.
Abermals wurde erklärt, dass man in Wien nicht daran denke,
Russland von Preussen abspenstig zu machen, und die Vermuthung
des Königs, dass Oesterreich mit Frankreich in Allem und
Jedem einverstanden sei, zu widerlegen gesucht. Kaunitz fühlte
sich in der That verletzt, dass man ihm zumuthete sich in
vollste Abhängigkeit von Frankreich begeben zu haben.

<hr>

[1] Nugent's Depesche vom 14. Januar 1769.

Allein der misstrauische, in dieser Beziehung dem Könige fast ebenbürtige Staatskanzler hegte den Verdacht, dass Friedrich aus anderen Ursachen und Ansichten auch die Zusammenkunft zu vermeiden suche, die er für wichtig genug hielt, um nicht den lebhaftesten Wunsch zu hegen, dieselben kennen zu lernen. Nugent sollte daher, ohne die geringste Empfindlichkeit an den Tag zu legen, sich auf eine ungezwungene Art dahin äussern: So sehr dem Kaiser die persönliche Bekanntschaft des Königs zu machen erwünscht gewesen wäre, um dadurch den Grund zu einem wahren und andauernd guten Einvernehmen zu legen, so sei er doch weit entfernt von dem Könige irgend etwas zu verlangen, was demselben unangenehm sein könnte, er gienge daher auf die Bedenken desselben ein und halte es ebenfalls für besser, die Entrevue auf ruhigere Zeiten zu vertagen, es wäre denn, dass der König selbst verlangen sollte, dass sie noch im laufenden Jahre stattfände.

Trotz der stolzen Miene, die Kaunitz zur Schau trug, lag ihm dennoch die Bewerkstelligung der Zusammenkunft der beiden Monarchen sehr am Herzen. Die Fortschritte Russlands beunruhigten ihn ungemein. Er verfolgte den Kampf mit der Türkei mit gespannter Aufmerksamkeit, sorgfältig sammelte er alle hierauf bezüglichen Berichte und Gerüchte. Und er hielt es für leichter jetzt die Beilegung der russisch-türkischen Wirren zu versuchen, als später, wenn der Krieg in ein weiteres Stadium getreten sein würde. Sehnsüchtig wünschte er an der Vermittelung theilnehmen zu können, nebst anderen Motiven auch aus dem sorgfältig geheim gehaltenen Grunde, eine Annäherung Oesterreichs an Russland zu bewerkstelligen.[1] Der Moment schien ihm günstig. Er nahm an, dass man in Constantinopel einem Frieden geneigt sei, auch in Petersburg friedliche Dispositionen vorhanden wären. Mehrere Mächte waren in Constantinopel thätig eine Beilegung des Streites zu versuchen. Freilich setzte Kaunitz in Petersburg eine solche Geneigtheit voraus, dass er nicht für unmöglich hielt, Russland auch zu bewegen auf jene dominirende Stellung in Polen Verzicht

---

[1] Fast unmittelbar nach erfolgter Kriegserklärung erhielt der damalige Internuntius, Brognard, den Auftrag, die Mediation Oesterreichs in Antrag zu bringen.

zu leisten, die es im Laufe der letzten Jahre erlangt.[1] In dieser
Beziehung sollte die Kaunitzische Politik noch mancherlei Täu-
schung erfahren. Wenn der Friede auf den von dem Staatskanzler ins Auge gefassten Grundlagen zu Stande kam, lag allerdings der Vortheil auf Seite Oesterreichs, welches auf diese
Weise auch eine Handhabe erhielt, in Polen die verlorene
Stellung wieder zu erobern, ohnehin ein wunder Punkt, der
dem Staatskanzler manchen Schmerz bereitete.

Die Frage der Zusammenkunft zwischen den beiden Monarchen wurde indess in den nächsten Wochen definitiv gelöst.
Auch Friedrich empfand viel zu sehr das tiefe Bedürfniss nach
einer Besserung seiner Beziehungen zu Oesterreich, um nicht
alle etwaigen Bedenken zum Schweigen zu bringen. Vielleicht
war damals schon in ihm der Gedanke zur Reife gediehen,
durch Vorschiebung Oesterreichs einen Druck auf Russland
auszuüben und den Krieg mit der Pforte zu benützen, um seinen
Plänen auf Polen leichteren Eingang in Petersburg zu ver-
schaffen.[2] Schon im Februar sprach der König seine Bereitwilligkeit aus mit Josef zusammenzukommen und schlug zuerst
Glatz als Zusammenkunftsort vor, stellte es jedoch später dem
Kaiser anheim einen anderen Ort zu bestimmen, z. B. Leob-
schütz oder Neustadt.[3]

Neisse wurde schliesslich gewählt. Vor kurzem erst von
seiner italienischen Reise zurückgekehrt, begab sich Josef im
August dahin. Am 24. August gegen Mitternacht traf er unter
dem Namen eines Grafen Falkenstein mit einem kleinen militärischen Gefolge daselbst ein. Fast vier Tage blieben die beiden Fürsten beisammen, in mannigfachen Gesprächen über
politische und militärische Fragen sich ergehend. Josef hat

[1] Vergl. das Schreiben an Nugent vom Januar 1769 in den Beilagen.
[2] Das Project Lynar's, von dem Friedrich in seinen Memoiren spricht, fällt
   in diese Zeit.
[3] Am 15. Februar dictirte Finkenstein dem österreichischen Gesandten folgende Antwort des Königs: J'offre gracieuse, que Sa Maj. Impériale a faite
   au Roi, n'a jamais fait hésiter Sa Majesté à la rencontre avec reconnais-
   sance et elle sera charmée de faire la connaissance personnelle de Sa Maj.
   Imp. et de contribuer de sa part tout ce qui dépendra d'Elle pour effacer
   à jamais toutes les traces des anciennes inimitiés qui ont régné entre les
   deux Maisons. Nugents Depesche vom 18. Feb. 1761. Die Orte in einer
   Depesche und einem dazugehörigen Postscript vom 21. März genannt. Vgl.
   auch das Reseript von Kaunitz vom 1. März 1769 in den Beilagen.

sich ganz an die ihm ertheilten Instructionen gehalten. Dieselben sind ungemein sorgfältig entworfen. Fast alle politischen Fragen, die damals auf der Tagesordnung standen, oder in der nächsten Zeit auftauchen konnten, sind eingehend erörtert. Kaunitz wünschte den Kaiser fast auf jede Wendung, die etwa das Gespräch nehmen konnte, vorzubereiten und ihm die Antwort in den Mund zu legen.

Kaunitz ging von der Annahme aus, dass dem Könige vornehmlich drei Punkte am Herzen liegen dürften; einmal die eigentliche Ursache des kaiserlichen Besuches zu erfahren, sodann auf jede mögliche Weise die leitenden Gesichtspunkte der österreichischen Politik kennen zu lernen, endlich den Kaiser durch alle ihm zu Gebote stehenden Mittel gegen die Allianz mit Frankreich einzunehmen. Der Staatskanzler hielt es am angemessensten, wenn der Kaiser den Fragen des Königs bei jeder Gelegenheit möglichst zuvorkommen und mit Offenheit und Würde die in Wien herrschenden Grundsätze darlegen würde.

Vor Allem müsste der König die Ueberzeugung gewinnen, dass der Kaiser bei seinem Besuch keinen andern Zweck habe, als die Bekanntschaft eines solch grossen Menschen und grossen Fürsten zu machen, sodann aber, dass Josef von dem lebhaftesten Wunsche beseelt sei, ein besseres Verständniss zwischen den beiden Höfen anzubahnen und das bisherige Misstrauen vollständig zu zerstören. Sodann sollte der Kaiser die erste günstige Gelegenheit ergreifen, um dem Könige zu verstehen zu geben, dass Oesterreich an der Allianz mit Frankreich getreulich festzuhalten entschlossen sei, nie werde es sich seiner Verpflichtungen entziehen; das Bündniss wurzle tief in dem Interesse der beiden Staaten; man könne es ein gutes Geschäft nennen, wobei jeder Theil seine Rechnung fände. Die österreichische Politik sei eine Politik des Friedens und der allgemeinen Ruhe, obwohl man in der Lage sei, in jedem Momente Krieg zu führen, wenn man dazu gezwungen werde. Hiervon zeugen alle Massnahmen seit dem Abschlusse des Friedens, sogar eine prüfende unpartheiische Betrachtung aller Schritte und Handlungen Oesterreichs während des letzten Krieges müsse diese Ueberzeugung festigen. Insbesondere sei von der Einsicht des Königs ein richtiges unbefangenes Urtheil zu erwarten. Oesterreich habe weder in Russland noch in England Intriguen

gesponnen, und seit dem Ausbruch des russisch-türkischen
Kampfes die exacteste Neutralität beobachtet. Man sei in Wien
von der Ueberzeugung durchdrungen, dass jeder Krieg Oesterreich nur Nachtheil, aber durchaus keinen Vortheil bringen
könne; man lege vielmehr sein Augenmerk auf die Hebung
der wirthschaftlichen Verhältnisse, auf Industrie, Ackerbau und
Finanzen. Selbst die Allianz mit Frankreich sollte als ein
Beleg der friedlichen Tendenzen des Wiener Hofes dienen,
allerdings aus dem eigenthümlichen Grunde, weil es keinem
Theile zusage, den andern Eroberungen machen zu lassen.
Ueber die Allianz des Königs mit Russland ging Kaunitz in
seinem Elaborate rasch hinweg. Nur legte er dem Kaiser die
Bemerkung in den Mund, dass sie ganz anderer Natur, als die
österreichisch-französische Verbindung sei, indem sie auch die
Möglichkeit einer offensiven Tendenz in sich berge; man glaube
jedoch an den friedlichen Gesinnungen des Königs nicht zweifeln
zu sollen, und dass er sich nicht entschliessen werde, Krieg
zu führen, wenn man ihn in Ruhe lasse.

Die Neutralitätsfrage im Falle eines zwischen Frankreich
und England ausbrechenden Krieges lag dem österreichischen
Staatsmanne sehr am Herzen. Die Erfahrungen in dem grossen
Kampfe gegen Preussen waren nicht spurlos an ihm vorüber
gegangen, und wir haben gesehen, dass er schon vor Monaten
an den österreichischen Gesandten in Berlin hierauf bezüg-
liche Weisungen erlassen hatte. In der Instruction für den
Kaiser wurden dieselben Gesichtspunkte abermals wiederholt.
Oesterreich sei durch keinen Vertrag mit Frankreich gebunden,
an dem Kriege wirklichen Antheil zu nehmen; man setze voraus, der König habe auch gegen England keinerlei Verpflichtungen.
Aber Kaunitz erschöpfte sich auch in Gründen, um einem
eventuellen Antrage des Königs, eine bindende vertragsmässige
Vereinbarung zu treffen, zu begegnen. Der Kaiser sollte darlegen, welche geringe Bedeutung Verträge überhaupt haben;
ihr Nutzen sei im Verhältnisse zu den Inconvenienzen ein un-
bedeutender. Weil man in Wien diese Ueberzeugung gewonnen
habe, sei man von der früheren Gepflogenheit, Verträge zu
schliessen, abgegangen. Seit dem Frieden von Hubertsburg
sei man keinen neuen Tractat eingegangen, auch die früheren
hätte man nicht erneuert. Ein Freundschafts- und Neutralitäts-
bündniss mit Preussen wollte Kaunitz zuletzt eben so wenig

als früher abschliessen; es könne nur Verdacht und Misstrauen
bei Freund und Feind erregen; schriftliche Erklärungen der
Monarchen, Josefs, Friedrichs und Maria Theresia's mit dem
bindenden Versprechen, im Falle eines Krieges zwischen Frankreich und England volle Neutralität zu wahren, konnten denselben Zweck erfüllen; und wenn zwischen beiden Nachbarstaaten irgend ein Grund zu Unruhe oder Klage sich künftighin darböte, so sollten unmittelbare Anfragen der Monarchen
unter sich eine freundschaftliche Auseinandersetzung, und auf
diese Weise eine Beilegung oder Erstickung des Zwistes im
Keime herbeizuführen suchen. Bei Kaunitz war unstreitig die
Furcht vorwiegend, durch ein Bündniss mit Preussen die französische Allianz in die Schanze zu schlagen, sodann aber die
Vorsicht, keine Verpflichtung auf längere Zeit übernehmen zu
wollen, um sich nicht für alle Eventualitäten die Hände zu
binden. Um den König zu überzeugen, welch geringen Werth
man in Wien derartigen Verträgen beilege, sollte Josef als
Beleg anführen, dass man auch den Vertrag mit Spanien nicht
erneuert habe. Die Thatsache war allerdings richtig, allein
der gute Wille Oesterreichs zu Erneuerung desselben war vorhanden, da man sich längere Zeit hindurch in Paris und Madrid
in dieser Richtung Mühe gab, und nicht an Oesterreich lag es,
wenn die Verhandlungen resultatlos verliefen.

Ein wichtiger Punkt betraf die Ansichten Oesterreichs
zu Russland. Natürlich musste das Bestreben des Kaisers dahin gerichtet sein, alle Bedenken und jedes Misstrauen des
Königs, als strebe man darnach, seine Allianz mit dem Petersburger Hofe zu untergraben, zu beseitigen. Josef sollte daher
die Thesis zugeben, dass man in Wien Russland als einen
natürlichen Verbündeten Oesterreichs betrachten würde, wenn
man sich mit Plänen gegen die Pforte oder gegen Preussen
tragen möchte; da dies jedoch nicht der Fall sei, so lechze
man auch nicht darnach, zu dem Petersburger Hofe in eine
innige Verbindung zu treten, natürlich insolange, als Friedrich
keine Anknüpfung mit Frankreich suchen würde. Man war in
der Lage, auf ein Schriftstück hinweisen zu können, welches
man erst vor kurzer Zeit dem russischen Vertreter in Wien
übergeben hatte. Josef sollte es nicht in Abrede stellen, dass
man eine Vergrösserung Russlands durchaus nicht wünschen
könne, aber auch gegenwärtig keinen Anlass habe, sich dem

entgegenzusetzen. Man könne vollständig ruhig sein, so lange Russland nicht allzugrosse Fortschritte mache und Preussen und die Pforte nicht so weit bezwungen sind, um ruhig die Hände in den Schooss legen zu müssen. Wenn man dem Umsichgreifen Russlands in Polen ruhig zugesehen, so liege das darin, dass man sich auf die Einsicht des Königs verlassen habe, in dessen Interesse es doch liege, dass der russische Einfluss gewisse Grenzen nicht überschreite.

Bezüglich der polnischen Angelegenheiten mussten überhaupt die Ansichten des Königs entschieden berichtigt werden. Aus den Depeschen Nugents wusste man, dass in Berlin der Verdacht herrsche, Oesterreich wolle einen seiner Prinzen auf den polnischen Thron setzen. Josef sollte daher kurz und bündig erklären, wie entfernt dem Wiener Hofe ein solcher Gedanke liege; auch denke man nicht daran, etwaige Absichten des sächsischen Hofes zu unterstützen. Die Wirren in Polen konnten nach der Ansicht des Staatskanzlers auf eine leichte Weise beendet werden: wenn Russland bewogen werden konnte, eine feierliche Erklärung zu erlassen, worin es bezüglich der Beschlüsse des letzten Reichstages, insbesondere was die Garantie und die Dissidenten anbelangt, die Nation zu beruhigen suchte, ferner wenn alle fremden Truppen aus Polen zurückgezogen wurden. Dadurch würden jene Anstände behoben, die zu dem Kriege zwischen der Pforte und Russland geführt, wodurch vielleicht auch der Friede angebahnt werden könnte. An dem Kampfe werde sich Oesterreich nicht betheiligen; es habe gleich beim Ausbruche denselben zu ersticken gesucht, indem es der Pforte seine Mediation angeboten habe. Kaunitz glaubte aber betonen zu sollen, dass man sich nicht um jeden Preis an der Vermittelung betheiligen wolle. Denn, wenn man einmal den Plan fassen sollte, sich wieder in die polnischen Angelegenheiten einzumischen, werde es auch an den erforderlichen Mitteln zu diesem Behufe nicht fehlen. Kaunitz fand es damals für zweckmässig, eine vollständige Gleichgültigkeit über die Beilegung des türkisch-russischen Kampfes an den Tag zu legen: Josef musste daher versichern, dass weder der König, noch Frankreich oder England bei ihren Vermittelungsversuchen in Constantinopel irgend eine Opposition von Oesterreich zu befürchten haben. Es lag in dem Plane des Fürsten Kaunitz überhaupt alle jene Punkte, welche bei eingehender Erörterung

differirende Gesichtspunkte zwischen Preussen und Oesterreich
ergeben konnten, leicht zu umgehen, denn dies hinderte ja dann
nicht, in Constantinopel unermüdlich thätig zu sein und gegen
eine jede Vermittelung anderer Mächte die mannigfachsten
Bedenken geltend zu machen, um die Pforte zur Einsicht zu
bringen, dass nur eine Mediation Oesterreichs rasch zum Ziele
führen würde.

Auch in den das deutsche Reich betreffenden Fragen
sollte der König befriedigende Auskünfte verlangen. Die mannigfachsten Gerüchte über weitgreifende Tendenzen, tiefeinschnei-
dende Pläne des Kaisers waren in dieser Beziehung verbreitet;
auch wurden sie leicht geglaubt. Gewiss nicht ohne Grund.
Josef beschäftigte sich viel und eingehend mit der Frage, durch
welche Mittel der kaiserliche Einfluss gehoben, die Autorität
und Macht der Kaiserkrone gestärkt werden könnten. Und
wenn die theils unklaren, theils wirklich den Missbräuchen
hart an den Leib gehenden Projecte nicht an die Oeffentlich-
keit traten, so war es zumeist der Einfluss des Staatskanzlers
gewesen, der den jungen Monarchen von übereilten Schritten
abhielt. Josef sollte nun dem Könige erklären, er lege den
Dingen und Fragen im deutschen Reiche keinen grössern Werth
bei, als sie wirklich besässen. Er kenne die Fürsten viel zu
gut, um nicht zu wissen, dass sie ihm nur wenig Dank wissen
würden, wenn er sich für die Aufrechterhaltung der Ruhe, der
Gesetze und der Verfassung des Reiches überhaupt einsetzen
möchte. Er wolle blos den bei der Wahlcapitulation übernom-
menen Verpflichtungen getreulich nachkommen; dies zu thun,
sei er seiner Ehre und seinem Gewissen schuldig.

Kaunitz versah den Kaiser auch mit Instructionen, wenn
das Gespräch auf die bairische Erbfolge, auf Ansbach und
Bayreuth, endlich auf die Feststellung der weiblichen Succession in Preussen käme. Es lag indess nicht in der Absicht
des Fürsten Kaunitz eine Verständigung über alle diese Punkte
herbeizuführen. Mit der bairischen Frage hatte sich Kaunitz
wohl schon vertraut gemacht, allein er war so zu sagen über
das Stadium der Vorstudien noch nicht hinausgekommen. Er
war sich über die Behandlung dieses später so wichtigen Ge-
genstandes damals noch nicht klar. Die Vereinigung Anspach's
und Bayreuth's mit der preussischen Primogenitur musste um
jeden Preis hintertrieben werden, dies stand bei Kaunitz fest.

Und den Gedanken, dem Könige unter gewissen Bedingungen
zur Regelung der Erbfolge seines Hauses behilflich zu sein,
hatte Kaunitz wieder fallen gelassen. Die dem Kaiser in den
Mund gelegten Antworten sind daher entschieden dilatorischer
Natur. Wie leicht konnten bei Besprechungen über diese Gegenstände die Gegensätze hervortreten, und der Hauptzweck
ging doch dahin, alles zu vermeiden, was eine Trübung der
kaum angeknüpften Beziehungen hervorzurufen im Stande war.

Denn der König sollte die Ueberzeugung mit sich nehmen,
dass eine Allianz zwischen Preussen und Oesterreich nicht zu
den Unmöglichkeiten gehöre, wenigstens nicht schwieriger sei
als das Bündniss zwischen Oesterreich und Frankreich. Dazu
gehöre nur, wie Kaunitz meinte, gegenseitiges Vertrauen, ein
Beiseitelassen aller Vorurtheile und Leidenschaften, staatsmän-
nische Ueberlegung, insbesondere grosse Achtsamkeit auf alles,
was man sagt, thut und vorschlägt. Nicht bloss sich dürfe man
im Auge haben, sondern müsse sich auch die Fähigkeit aneignen,
sich an die Stelle dessen zu setzen, mit dem man es zu thun
habe. In der Anwendung dieser Grundsätze und dieser Methode
beruhe es, dass die Allianz mit Frankreich seit 12 Jahren Be-
stand habe.

Die Gespräche Josefs mit Friedrich berührten nicht alle
die Punkte, die der Staatskanzler in kluger Voraussicht erörtert hatte. Es fehlte nicht an Versicherungen, wie sehr man
es wünsche mit einander künftighin im guten Einvernehmen
zu stehen. Zu wiederholten Malen erging man sich in den mannigfachsten Redensarten; Friedrich kargte ebenfalls nicht, er
sprach von wahrer Freundschaft und vollkommener Aussöhnung;
Josef wurde nicht müde zu versichern, dass nur der Wunsch
den grossen Monarchen kennen zu lernen, ihn zu seiner Reise
bestimmt habe.

Auch des abwesenden Staatsmannes wurde gedacht. Der
König war unerschöpflich in Lobeserhebungen über Kaunitz,
er bezeichnete ihn als den ersten Kopf Europas, wogegen der
Kaiser hervorhob, von welcher Bewunderung der Staatskanzler
für den König erfüllt sei.

Kaunitz hatte erwartet, Friedrich werde über die Allianz
mit Frankreich sich in eingehende Erörterungen einlassen;
allein dieser hütete sich diesen Gegenstand zuerst zu berühren,
auch fragte er nicht, wie man in Wien über sein Bündniss mit

Russland denke. Josef sah sich genöthigt diese Gegenstände zuerst anzuregen. Der König lobte die Haltung Oesterreich's dem Bundesgenossen gegenüber. Nur über die Fehler der Franzosen wurde mancherlei hin und her gesprochen. Josef sagte: man müsse die Franzosen wie Kinder behandeln, ihnen ihre Fehler verzeihen in Anbetracht des Nutzens, den sie gewähren. Friedrich vermied es sichtlich die politischen Beziehungen in dieser Richtung zu besprechen, über die militärische Tüchtigkeit der Franzosen legte er eine grosse Geringschätzung an den Tag; wenn sie über Krieg oder Tactik reden, sagte er einmal, komme ihm dies vor wie das Plappern eines Papageies. An Versicherungen der Friedensliebe fehlte es nicht. Auch die patriotische Seite wurde angeschlagen; man müsse wünschen in Freundschaft mit einander zu leben. Friedrich liess bei diesen Reden und Gegenreden einmal das Wort fallen: in seiner Jugend wäre er ehrgeizig gewesen, nun sei er es nicht mehr; sodann habe man ihn für erfüllt von unredlichen Absichten gehalten, welchen Vorwurf er ein wenig verdient habe, allein die Verhältnisse hätten es erfordert; auch dies habe sich geändert.

Friedrich schlug die von Russland drohende Gefahr ziemlich hoch an. Josef liess sich nicht einschüchtern und erwiederte immer: Der König sei die Avantgarde. Friedrich gab dies zu, leugnete auch nicht, dass ihm die Allianz mit Russland nothwendig sei, wenn sie ihm auch manchmal unbequem werde und viel Geld koste; es werde eine Zeit kommen, liess er einmal fallen, wo weder Oesterreich, noch Preussen allein im Stande sein würde, dem weiteren Umsichgreifen Russlands Schranken zu setzen, ganz Europa werde dann zusammenhalten müssen. Der Krieg zwischen Russland und der Pforte wurde nur oberflächlich berührt. Friedrich war der Ansicht, dass die Türken keinen Widerstand zu leisten im Stande seien, und hob die Nothwendigkeit der österreichischen Mediation hervor. Je schnlicher er eine Betheiligung Oesterreichs wünschte, um so mehr hütete er sich ein besonderes Gewicht darauf zu legen.

Auch die polnische Frage wurde nicht mit jener Ausführlichkeit behandelt, wie Kaunitz es erwartet hatte. Der Kaiser hatte Gelegenheit die Throncandidatur des Prinzen Albert in Abrede zu stellen, auch auseinander zu setzen, durch welche Mittel die Ruhe in Polen hergestellt werden könnte.

Friedrich bezweifelte es sehr, dass Russland auf solche Vorschläge eingehen würde; es gebe nur einen Weg einen Frieden herbeizuführen, wenn Oesterreich dahin arbeiten würde, dass seine Mediation von den Türken angenommen werde. Dagegen bemerkte Josef, dass dies wohl nicht gienge, beide Theile müssten es wünschen und verlangen. Bei seiner genauen Kenntniss des russischen Hofes bezweifelte es Friedrich, dass man in Petersburg je darauf eingehen werde. Ueberhaupt vermied es der König sichtlich in selbstständiger Weise die polnischen Angelegenheiten zu besprechen, er brachte sie immer in Verbindung mit dem Türkenkriege. Die Anfrage des Königs, ob er nach Petersburg schreiben solle, wie sehr man in Wien die Herstellung der Ruhe in der Türkei und in Polen wünsche, beantwortete Josef mit souveräner Gleichgültigkeit; es sei ganz indifferent, sagte er, was Friedrich zur Kenntniss des russischen Hofes bringen wolle, er solle schreiben, was er selbst am angemessensten halte.

Man sieht, eine vollständige Verständigung über die brennenden Tagesfragen wurde nicht erzielt, auch von Oesterreich nicht gesucht. Sei es, weil Kaunitz noch nicht vollständig über die von Oesterreich zu befolgende Politik im Klaren war, sei es, weil er eingehende Erörterungen des Kaisers mit dem Könige vermieden wissen wollte, um später, wenn einmal die Angelegenheit spruchreif geworden, die Leitung derselben in seiner Hand zu haben, genug, die Instruction schrieb dem Kaiser bestimmte Grenzen vor, die er auch nicht überschritt. Und auch Friedrich wagte sich mit seinen eigentlichen Ansichten und Absichten nicht hervor. Dennoch geht aus seinen Darlegungen hervor, dass er denjenigen Plan, den er in den nächsten Jahren mit solch wunderbarem Geschicke verfolgte, schon damals in Umrissen festgestellt hatte; vorläufig genügte es ihm das Terrain sondirt zu haben, es der Zeit überlassend seine Pläne zur Reife zu bringen.

Nur über einen Punkt wurde eine Einigung erzielt. Friedrich kam zuerst auf die Neutralität der beiden Staaten zu sprechen. Josef übergab dem Könige den ihm von Kaunitz zu diesem Behufe mitgegebenen Entwurf. Hierin wurde eine Neutralität Oesterreichs und Preussens bei allen bevorstehenden Kriegen vorgeschlagen.

Hierauf ging Friedrich nun nicht ein; bezüglich Polens und Schwedens war er durch seinen Vertrag mit Russland gebunden,[1] aber zu einer Neutralitätserklärung, zu einem sich blos auf Deutschland und beide Staaten beziehenden Neutralitätsversprechen wollte er sich bequemen. Josef nahm auch dies an, um das Misstrauen des Königs nicht wach zu rufen; in fast altkluger Weise zeigte er vollständige Gleichgültigkeit über die ganze Sache. Den von Kaunitz ihm mitgegebenen Entwurf änderte er nach der vom Könige geforderten Fassung um.[2] Er rechtfertigte dies in seinen Aufzeichnungen damit, dass der König dadurch über seine Beziehungen zu Russland vollständig beruhigt werden sollte; die Neutralität im Falle eines Krieges zwischen Frankreich und England wäre ausdrücklich stipulirt, auch eine Art Garantie der gegenseitigen Ländergebiete aufgenommen.[3] Eine grosse Bedeutung legte Josef den schriftlichen Versprechungen nicht bei; indem man eigentlich durch nichts gebunden sei und es bei einem Kriege vollständig frei stände sich nach Belieben einzumischen oder nicht.[4]

Die das Reich betreffenden Angelegenheiten bildeten ebenfalls einen Gegenstand der Unterhaltung der beiden Monarchen, wenn auch nicht in solch eingehender Weise, wie Kaunitz es angenommen hatte. Friedrich sagte: diese Dinge seien ihm zu langweilig, er überlasse sie seinen Ministern, die dann allerdings ohne sein Wissen in Regensburg vorgehen; indess der Kaiser möge ihm nur vorkommenden Falls seine Wünsche darlegen, er werde mit Vergnügen bereit sein, falls es nur möglich sei, dieselben zu erfüllen. Von Bayern, Anspach und Bayreuth, der Successionsfrage in Preussen sprach Friedrich auch nicht ein Wort.

Die Anbahnung eines gegenseitigen Einverständnisses zwischen den beiden Nachbarstaaten wurde von Friedrich sehr

[1] Vergl. die Excerpte von Häusser aus dem Berliner Archiv in den Forschungen IX.

Das Schreiben des Königs bei Arneth, Maria Theresia und Josef II. Bd. I, S. 513, die Antwort Josefs in den Beilagen. Der bei Arneth S. 508 abgedruckte undatirte Brief ist vom 25. September 1769.

Die Aufzeichnungen Josefs bei Arneth a. a. O. S. 504 ff. und das letzte Schreiben von 1769 ohne Datum.

Enfin la chose est innocente et parfaitement égale, laissant les mains libres à un chacun de se méler de quelconque guerre étrangère qu'il voulut. Bei Arneth, Maria Theresia und Josef, I, 506.

betont. Josef suchte eingehenden Auseinandersetzungen auszuweichen; es erfordere dies eine reife Ueberlegung, deutete er
an, sei einmal das Neutralitätsversprechen gegeben, werde sich
künftighin alles leicht bewerkstelligen lassen. Allein Friedrich
wollte die Sache nicht vertagt wissen. Josef sagte ihm unter
anderen, Schlesien habe für den König dieselbe Bedeutung, wie
Elsass und Lothringen für Frankreich. Man habe sich in Wien
den Gedanken der Wiedereroberung der verlorenen Provinz
aus dem Kopfe geschlagen. Der König hob hervor, wie schwer
es allerdings sei, volles Vertrauen zu einem, wenn auch ver-
söhnten Gegner zu fassen, aber er hoffe, die Zeit werde das
‚patriotische deutsche System‘ zur Reife bringen. Josef betonte
die grosse Tragweite eines beiderseitigen Bündnisses: Europa
würde dadurch gewissermassen entzweigeschnitten, und ein Cordon vom adriatischen bis zum baltischen Meere gezogen zur
Aufrechterhaltung und Befestigung der Ruhe und des Friedens.
Für künftighin wurde die Vereinbarung getroffen einander bei
auftauchenden Differenzen zuerst zu schreiben, ehe sich die
Minister derselben bemächtigen. Josef wollte auch in dieser
Beziehung nur eine Verabredung für den äussersten Fall eingegangen wissen.

Gewiss die Zusammenkunft konnte von den fruchtbrin-
gendsten Folgen sein, wenn man auf beiden Seiten eine Verständigung ehrlich gesucht hätte. Allein Jeder suchte die geheimen Pläne, die er verfolgte, zurückzuhalten und suchte
eifrigst zu verdecken nach welchen Richtungen er steuere. Doch
lässt sich in den Grundzügen schon jene Politik erkennen, die
beide Staaten in den unmittelbar darauf folgenden Jahren ver-
folgten.

Die Kaiserin sah nicht ohne Bangen dem Resultate der
Zusammenkunft entgegen. Sie übersendete dem Staatskanzler,
der sich damals in Austerlitz aufhielt, die eingelangten Schrift-
stücke des Kaisers. Fürst Kaunitz zeigte sich im Grossen und
Ganzen recht befriedigt. Er beeilte sich der Monarchin seine
‚unterthänigsten Bemerkungen‘ zu übermitteln. Mit Behagen
wies er darauf hin, wie richtig der Kaiser den Charakter und
die Gesinnungen des Königs beurtheilt habe. Ueber den allgemeinen Eindruck, den Friedrich auf ihn machte, hatte
Josef geschrieben: er sei ein Genie, spreche vortrefflich,

aber aus jeder Wendung des Gespräches leuchte der Spitz-
bube hervor.[1]

Dass Josef bei dem Könige den Glauben erweckt habe:
Oesterreich sei in der Lage, wenn es Noth thue den Krieg zu
führen, billigte Kaunitz, dies könne nur von guter Wirkung
sein. Wenn Friedrich eine gewisse Verlegenheit über die Fortschritte Russlands blicken gelassen hatte, so schenkte Kaunitz
dem keinen Glauben; Friedrich fürchte eine Annäherung Oesterreichs zu Russland, er wolle jenes daher zu mancherlei gegen
die nordische Macht feindlichen Schritten verleiten. Die zwischen
den beiden Monarchen ausgetauschten Briefe schlug der Staatskanzler nicht hoch an; aus einer Zergliederung des Wortlautes
gelangte er zu dem Schlusse, dass dieselben eigentlich nichts
mehr enthalten als eine einfache Bestätigung der durch die
Verträge ohnehin in Kraft stehenden Verpflichtungen; der
Stand der Dinge erfahre dadurch keinerlei Veränderung, die
Briefe hätten ebenso gut ungeschrieben bleiben können.

In einem Gespräche mit dem Bruder des Königs wurde
auch der Markgrafthümer Anspach und Bayreuth Erwähnung
gethan. Heinrich vertraute dem Kaiser, der König beabsichtige die Einverleibung dieser Gebiete mit Preussen und er

---

[1] C'est un génie et un homme qui parle à merveille, mais il n'y a pas
un propos qui ne ressente le fourbe. Bei Arneth a. a. O. S. 390. In
einem bisher ungedruckten Briefe von Kaunitz an Maria Theresia vom
5. Sept. 1769 heisst es hierüber: Pour votre Majesté seule cependant
j'ajouterai ce qui suit, etc. C'est que, si réellement l'Empereur porte du
caractère du Roi, ce qu'il en dit dans sa première lettre litt. a du
29 août, c'est à dire, qu'il n'y a pas un propos en lui qui ne
ressente le fourbe, je pense que l'Entrevue doit avoir fait beaucoup
plus de bien que de mal, parce qu'il me parait tout à fait impossible que
l'on puisse faire son héros et son modèle d'un homme, dont on a une
opinion aussi odieuse. Il peut y avoir d'ailleurs des qualités de génie,
d'esprit, de connaissances, d'expérience et d'agréments à relever dans un
pareil personnage auxquelles la simple Equité ne permet pas de refuser les éloges qui leur sont dus, et moyennant cela, si ce n'est que les
sortes de qualités que l'Empereur a voulu parler dans le dernier Art. de
la pièce cotée G., je crois, que V. M. peut être tranquille sur l'effet
des impressions que sa sagesse et sa bonne sollicitude lui font appréhender; en tout cas Elle ne sera pas longtems à s'appercevoir de l'effet que
ce Prince peut avoir fait sur nous, et alors, comme alors nous verrons ce
que Vous pourrez faire pour détruire ou rectifier les choses qui ne se trou-
veraient pas comme il serait désirable qu'elles fussent.

habe schon vor mehreren Jahren von seinen Brüdern eine förmliche Verzichtleistung ausstellen lassen, sein Neffe, der präsumtive Thronfolger, denke jedoch anders über die Sache. Kaunitz begrüsste das von Heinrich betonte gute Einverständniss mit seinem Neffen als ein gutes Zeichen; er hoffte diese von ihm längst befürchtete Eventualität der Vereinigung Anspach's und Bayreuth's mit der Primogenitur Preussens zu hindern.

Man kann nicht behaupten, dass diese erste Begegnung der Monarchen Oesterreichs und Preussens irgend einen wesentlichen Einfluss auf die ganze Politik der beiden Staaten ausübte. Wohl sprachen Friedrich und Josef in den anerkennendsten Ausdrücken von einander, eine persönliche Annäherung hatte stattgefunden, innerlich blieb man so kühl wie zuvor. Josefs gewaltiger, hochstrebender Ehrgeiz sah in dem Könige von Preussen fast überall ein Hemmniss für die eigenen unklaren Pläne, Friedrich berechnete im Vorhinein, nach welchen Richtungen sich die kaiserliche Politik bewegen, welche Objecte sie ins Auge fassen würde, wenn Josef das Ruder des österreichischen Staates selbstständig zu leiten haben werde. Auch suchten die beiden Mächte aus diesem Ereigniss so viel thunlich Capital zu schlagen, Friedrich in Russland, Kaunitz in Paris. Der Staatskanzler hatte die französischen Staatsmänner über die Bedeutung der Entrevue zu beruhigen. Der Kaiser, schrieb er, habe von Vorneherein die Gelegenheit ergriffen, um dem Könige zu erklären, dass man österreichischer Seits den festen Vorsatz habe die mit Frankreich bestehenden Verpflichtungen heilig zu erfüllen, auch habe der König sorgfältig Alles vermieden, was dem französischen Hofe zum Nachtheil gereichen könnte, wogegen er über England scharfe Urtheile gefällt habe. Die Betonung legte Kaunitz darauf, dass der Kaiser die Ueberzeugung gewonnen habe, der König von Preussen beabsichtige keinen weitern Krieg mit Oesterreich, um dem französischen Ministerium auf das evidenteste darzulegen, dass die französische Allianz nicht jene Bedeutung für das Erzhaus habe, wie man in Paris vielfach hervorhob. Nur um einen augenscheinlichen Beweis zu liefern, dass Oesterreich dennoch nicht daran denke, sein politisches System zu ändern, sollte dem Könige von Frankreich mitgetheilt werden, der Kaiser hätte nunmehr das Vergnügen gehabt einen seiner vorzüglichen Wünsche zu erreichen und mit dem Könige von Preussen in persönliche Bekanntschaft zu gerathen, Ihro Majestät hätte jedoch das noch angelegenere Verlangen, dass sich Zeit und Umstände so günstig fügen möchten, Ihrer zärtlichsten Liebe und Hochachtung ein Genüge zu leisten, um den allerchristlichsten König nicht nur als einen grossen Monarchen, sondern auch als ihren Grossvater umarmen zu können.« [1]

Eine heitere Episode dieser Zusammenkunft spielte sich in Constantinopel ab. Im December 1769 wurde der Internuntius über die eigentlichen Absichten Oesterreichs zu Rede gestellt. Die türkischen Staatsmänner witterten eine Verständigung mit Russland. Mannigfache Gerüchte über die Bedeutung dieser Begegnung der Monarchen Oesterreichs und Preussens schwirrten durch die Luft, und am Bosporus erzählte man sich als verbürgte Thatsache, auch der König von Polen, Stanislaus August, wäre nach Neisse gekommen, der russische Botschafter in Wien hätte nicht gefehlt. Die darüber erregte Stimmung wurde erst dann beschwichtigt, als Thugut in einem Memoire den Ungrund dieser Gerüchte nachwies. [2]

Eine Verständigung zwischen dem Kaiser und dem König über die orientalischen Wirren wäre sehr erwünscht gewesen. Die Hoffnungen aller, welche die Türkei für fähig hielten, den Russen energischen Widerstand entgegen zu setzen, wurden im Laufe der nächsten Jahre schmählich getäuscht. Die russischen Feldherrn, über die man allseitig spottete, errangen mehrere Vortheile, wozu allerdings die Unfähigkeit der türkischen Anführer in erster Linie mitwirkte.

Kaunitz erwartete mit Ungeduld den Moment, der ihm gestatten würde, sein diplomatisches Talent leuchten zu lassen. Seit dem Beginne des Kampfes verfolgte er, wie schon erwähnt, die Entwicklung desselben mit intensiver Spannung; auch eine gewisse Neigung, sich eventuell mit den Türken zu verbinden, fehlte nicht. Nur die Rücksicht auf Preussen und vornehmlich der geringe Anklang, den seine diesbezüglichen Projecte in den allerhöchsten Kreisen gefunden hatten, verhinderten die Realisirung dieser weitschichtigen Pläne. Viel eher mochte er hoffen durchzudringen, wenn Friedrich für die österreichische Auffassung, die sich nun herausgebildet hatte, entschieden gewonnen

---

[1] Vergl. die Depesche an Mercy vom 8. Sept. 1769 in den Beilagen.

[2] Das Memoire liegt dem Briefe Thugut's vom 17. Januar 1770 bei.

war, dass dem weiteren Vordringen Russlands ein Damm entgegengesetzt werden müsse.

Es fügte sich glücklicher Weise, dass eine zweite Zusammenkunft Josefs mit Friedrich, diesmal auf österreichischem
Boden, bevorstand.

Schon im Juli wurden die nöthigen Vorbereitungen ge-
troffen. Am 25. August 1770 reiste Josef nach Neustadt in
Mähren ab; von seinem Schwager, dem Herzoge von Sachsen-
Teschen, Albert, dem Präsidenten des Hofkriegsrathes Lascy,
dem Oberststallmeister, Grafen Carl Dietrichstein, begleitet.[1] In
Friedrichs Gefolge erschienen: der Prinz von Preussen, der
Prinz Ferdinand, zwei Prinzen von Braunschweig, von denen
insbesondere der jüngere einen grossen Eindruck durch seinen
Geist, seine Bildung und Liebenswürdigkeit machte, endlich
der General Lentulus.

Eine erhöhte Bedeutung erhielt diese Zusammenkunft durch
die Anwesenheit des österreichischen Staatskanzlers. Die beiden
bedeutendsten Staatsmänner der damaligen Zeit standen einander gegenüber. Eine Verständigung über die brennendsten
Fragen des Tages wurde von beiden Seiten gesucht. Denn
auch Friedrich fühlte das tiefe Bedürfniss über die österreichische Politik klar zu sehen und die verschlungenen Wege
des grössten Diplomaten zu ergründen. Nicht nur die
grossen Fortschritte Russlands riefen in ihm auch mancherlei
Bedenken hervor, insbesondere war es die Furcht durch eine
Betheiligung Oesterreichs an dem Kampfe, in den Strudel eines
allgemeinen Krieges hineingezogen zu werden, die ihm sorgen-
volle Stunden bereitete. Er war des Kriegshandwerks müde
und sehnte sich darnach den Rest seiner Tage in Frieden zu
verleben.[2] Sein weitsichtiger Blick sah einen Sturm im Anzuge, vielleicht konnte es ihm gelingen, denselben zu beschwören.

Kaunitz befand sich in Austerlitz; am 3. August rüstete
er sich zur Abreise. Da trafen ihn Depeschen aus Warschau
und Constantinopel, die gerade nicht erbaulich klangen. Die
Kopflosigkeit, die in Constantinopel herrschte, der Mangel an
Vertrauen zu dem Heere, die Unfähigkeit der türkischen Feldherrn, riefen die grössten Besorgnisse wach. Am 5. Juli war

---

[1] Wolf im Jahrbuch für vaterländische Geschichte 1861 S. 7.

[2] Memoiren Friedrichs. Band VI. S. 27 ff.

die türkische Flotte geschlagen und fast gänzlich vernichtet
worden, seit Lepanto die grösste Niederlage, welche sie erlitten,
und einige Tage später gelang es dem General Bauer am Larga,
einem Nebenflüsschen des Pruth, die Schaaren des Chans der
Krimm, Kaplangirai vollständig auseinander zu sprengen
(⅞ Juli). Und abermals nach vierzehn Tagen, am 1. August,
stiessen die Russen unter der Führung von Romanzow am
Kaghul auf die 100000 Mann starke Armee des Grossveziers
und erfochten mit nur 20000 Mann einen glänzenden Sieg.[1]

Fürst Kaunitz sah die Russen schon an der Donau, die
Türken konnten ein Ueberschreiten derselben nicht hindern.
Und doch konnte kein Entschluss gefasst werden, ehe man
Preussens vollständig sicher war. Der Staatskanzler hoffte noch,
dass diese Nachrichten Eindruck auf Friedrich machen werden.[2]
Er suchte die Monarchin von Austerlitz aus zu beruhigen; er
wisse zwar nicht ob es ihm glücken werde, grosse Vortheile
zu erreichen, aber er glaube mindestens nichts zu verderben.
Seinem Geiste schwebte die Möglichkeit vor, das weitere Vordringen Russlands durch ein Hereinziehen und eventuell auch
eine Unterstützung der antirussischen Partei in Polen zu hemmen.
Gerade damals unterhandelte Graf Pac mit dem Stellvertreter
des Staatskanzlers, Grafen Pergen, über einige wichtige Polen
betreffende Punkte. Wenn auch Kaunitz in einem hierüber er-
statteten Gutachten die meisten und wichtigsten Forderungen
der Confoederirten abzulehnen beantragte, so gab er den von
ihm vorgeschlagenen Antworten auf die von denselben in Wien
übermittelten Propositionen eine solche Wendung, welche ihnen
für künftighin nicht alle Hoffnung benehmen sollte.[3]

Kaunitz nahm sich vor, alle möglichen Gründe zur Ge-
winnung und Bearbeitung des Königs ins Feld zu führen. Die
trostlosen Berichte hatten wenigstens nach der Ansicht des Staatskanzlers eine gute Seite, nämlich dass die Türken, wie es schien,
im Begriffe standen endlich die Mediation Oesterreichs zu verlangen. Allein die Hauptschwierigkeit war, Russland zur An-

[1] Vergl. Herrmann, Geschichte des russischen Reiches V, 625 ff.
[2] Vergl. den Brief von Kaunitz an Maria Theresia vom 31. August 1770
in den Beilagen.
[3] Vergl. den Brief von Kaunitz vom 30. August 1770 in den Beilagen.
Ueber diese Verhandlungen, sowie über viele Punkte, die hier nur gestreift werden konnten, an einem anderen Orte.

nahme derselben zu bewegen. Nur ein bedeutender Hebel
konnte zu diesem Behufe angesetzt werden, — der König von
Preussen.

Friedrich langte am 3. September um halb zwei Uhr in
Neustadt an. Noch vor Tische hatte er eine kurze Unterredung mit Josef. Bei der Tafel sprach der König von gleichgül-
tigen Dingen, zu wiederholten Malen an Kaunitz, der ihm zur
Linken sass, das Wort richtend. Die Frage des Tages wurde erst
nachdem man sich vom Essen erhoben hatte, berührt. Der
König liess fallen, er wünschte mancherlei über diesen Gegenstand zu sagen, es wären jedoch zu viel Leute anwesend.
Kaunitz erbot sich ihm einen Besuch zu machen, um die Ideen
des Königs zu hören, und auch seine eigenen darzulegen.

Kaunitz begab sich am 4. zum Könige. Die Unterredung dauerte mehrere Stunden. Das grosse Wort führte fast
ausschliesslich der Staatskanzler, es war ein grosser, wohl vor-
bereiteter, gut durchdachter Monolog.

Der König hatte in dem ersten Gespräche mit Kaunitz
seinem lebhaften Wunsche, den Frieden zwischen Russland und
der Pforte hergestellt zu sehen, Ausdruck gegeben. Kaunitz
schenkte dieser Aeusserung vollen Glauben, seiner Meinung
nach lag dieses im Interesse Friedrichs, einmal um die an
Russland zu verabfolgenden Subsidien zu ersparen, sodann aber,
weil er doch zur Einsicht gekommen war, dass die Vergrösserung Russlands auch für seinen Staat gefährlich sei. Geringeren
Glauben schenkte der Staatskanzler den Worten des Königs,
dass er auch im Hinblicke auf die etwaige Stellung Oesterreichs die Beendigung des Krieges ersehne. Friedrich wünschte
den Frieden im Laufe des Winters geschlossen. Er hielt dies
nicht für unmöglich, wenn sich die Türken herbeilassen sollten,
mässigen Bedingungen zuzustimmen. Russland werde Azof fordern; in der Moldau und Walachei würde es sich mit der Ein-
setzung unabhängiger Fürsten begnügen. Natürlich lag es im
Interesse Friedrichs, die der Türkei noch zur Verfügung stehenden Mittel so gering als möglich darzustellen, um darin einen
Grund mehr zu finden, die Nothwendigkeit des Friedens zu
betonen.

Kaunitz hielt diese Gedanken des Königs für wenig durch-
dacht; er war gewohnt seine Ideen in folgerichtiger Weise zu
deduciren, und die Gesprächsweise des Königs, der es liebte

in abgebrochenen hingeworfenen Sätzen seine Ideen darzulegen, erschien dem österreichischen Staatskanzler nicht ge-
ordnet genug. Bei Friedrich war diese Gesprächsform eine
althergebrachte Gewohnheit. Bei seinen Unterredungen mit
fremden Gesandten sprang er mit Raschheit von einem Gebiet
auf das andere. Unaufhörlich warf er bald die eine, bald die
andere Frage hin, ohne die begonnene Auseinandersetzung vollständig zu Ende zu hören. Einerseits war er scharfsinnig
genug, aus einigen Sätzen die Consequenzen zu ziehen, auf
welche der Gesandte lossteuerte, andererseits hoffte er auf diese
Weise zu verblüffen, zu überraschen und einen sorgfältig geheim
gehaltenen Gedanken herauszulocken. Während manche, die
sich für klüger hielten und den Monarchen zu übersehen ver-
meinten, in seiner sprunghaften Redeweise Mangel an Ordnung,
an logischer Schulung erblickten, hielt Friedrich den Faden
des Gespräches trotz aller Seitensprünge fest und durchschaute
seinen Gegner, der sich nicht selten einbildete, ihn irregeführt
zu haben, vollständig. In dieser Hinsicht gewährt es ein
eigenes Interesse die Depeschen Friedrichs zu studiren und zu
sehen, mit welch bündiger Schärfe er das Resultat einer Audienz zusammenfasste, mit welch bewunderungswürdigem In-
stincte er Herz und Nieren manches Naseweisen, der sich innerlich über ihn erhob, ergründete.

Bei Kaunitz, der zum ersten Male Friedrich gegenüber-
stand, ist es verzeihlich, wenn er in denselben Fehler verfiel.
Er stimmte mit dem Könige überein, wie wünschenswerth ein
Friede wäre, allein über die Bedingungen, unter denen er geschlossen werden sollte, war er anderer Meinung. Denn nach
seiner Ansicht sollte Russland so wenig Vortheile als möglich
erhalten. Natürlich musste er die Türkei für widerstandsfähiger
hinstellen, als er sie im Grunde hielt, und die Schwierigkeiten
auf der vom Könige erwähnten Basis zur Herstellung des Friedens zu gelangen, hervorzuheben suchen. Auch war er darin
nicht ganz ehrlich, wenn er es als ein wesentliches Interesse
Oesterreichs hinstellte, die Türkei nicht geschwächt zu sehen.
Er wäre nicht abgeneigt gewesen auch zu einer Theilung der
Pforte die Hand zu bieten, wenn nur für Oesterreich ent-
sprechende Vortheile zu erreichen gewesen wären. Aber dazu
war er entschlossen, Russland allein die Beute nicht zu gönnen.

Friedrich wünschte und sprach es auch aus, dass Oesterreich zur Herbeiführung des Friedens einen Schritt thun müsse:
es sollte bei der Pforte und auch in Petersburg nach dieser
Richtung thätig sein. Kaunitz wies dies nicht platterdings ab,
allein er fügte mit vollständiger Ruhe hinzu: ein jeder Versuch
Oesterreichs würde bei Russland resultatlos bleiben, wenn der
König seine Mitwirkung versage.

So endete das erste, in einer Fensternische geführte Gespräch. Kaunitz glaubte, dass das Misstrauen des Königs gegen
seinen Hof und gegen ihn selbst nicht vollständig gebannt sei,
und schrieb es dieser Ursache zu, wenn der König ihm einen
vollständigen Einblick in seine Gedankenwelt nicht gewährte:
darin suchte er wenigstens die Erklärung für die Verwirrung
und Unordnung, welche ihm in Friedrich's Auseinandersetzungen
auffielen. Er gelangte zu dem Schlusse, dass, wenn es ihm
nicht gelingen sollte, dem Könige ein grösseres Vertrauen zu
den in Wien herrschenden Intentionen einflössen zu können, die
ganze Unterredung nicht blos resultatlos verlaufen, sondern
dass man in ganz unbefriedigter Stimmung und grösserer Ent-
fremdung scheiden würde. Um den beabsichtigten Eindruck
zu erzielen, wollte er dem König eine systematische Darlegung
der österreichischen Politik geben.

Er sagte nach der ersten Begrüssungsform dem König
rundweg, dass er glaube, als Politiker in keiner Weise weder
mit seinen Vorgängern, noch mit seinen Zeitgenossen verglichen
werden zu können: er wolle sich auch nicht den Vortheil zu Nutze
machen, den es habe, wenn man mehr anhöre, als spreche:
da er den Wunsch hege, dass seine Begegnung mit dem Könige
irgend einen Nutzen abwerfen möge, so bäte er, ihn ruhig und
ohne Unterbrechung anzuhören. Als der König seine Zustimmung zu ertheilen schien, begann Kaunitz seine Auseinandersetzung. Er suchte dem Könige darzulegen, dass der Wiener
Hof in der Politik nicht von der Hand in den Mund lebe, im
Gegentheil, man sei gewohnt in ganz systematischer Weise vorzugehen. Die österreichische Politik sei eine Politik des Friedens:
hiefür habe man sich als den Interessen Oesterreichs zumeist
entsprechend bald nach Beendigung des letzten Krieges nach
reiflicher Ueberlegung entschieden. Darin liege es, wenn Oesterreich sich bisher von den polnischen Wirren fern gehalten habe,
auch durch eine Verbindung mit Russland keinen Antheil

nehmen wolle an der Zertrümmerung der Türkei. Mit dem
Könige wünsche man in Wien vollständig in Frieden zu leben,
und wenn es möglich sei, gegenseitiges Vertrauen und auf-
richtige Freundschaft anbahnen zu helfen.

Kaunitz wusste den König viel zu gut unterrichtet über
manchen von ihm zur Kreuzung der preussischen Politik ge-
thanen Schritt. In kluger umsichtiger Weise berührte er selbst
diese Seite seiner Thätigkeit. Er rechtfertigte dies dadurch, dass
er den König im Verdacht gehabt habe, gegen Oesterreich eine
Allianz mit Frankreich zu Stande zu bringen. Von dem Momente
aber, als er die Ueberzeugung gewonnen zu haben glaubte, dass
der König die russische Allianz jeder anderen vorzöge, habe er
keinen Augenblick gezögert, seiner Monarchin eine freundliche
Politik anzurathen.

Kaunitz erging sich sodann mit besonderer Ausführlichkeit in einer Darlegung der Vortheile, welche die Allianz Preussens
mit Russland und jene Oesterreichs mit Frankreich für die
beiderseitigen Staaten haben. Denn ihm lag es sicher am
Herzen, den König vollständig zu überzeugen, dass Oesterreich
in der Verbindung mit Frankreich sein vollständiges Genügen
fände und nicht im entferntesten daran denke, Russland von
Preussen abspenstig zu machen. Nach der Kaunitz'schen Auseinandersetzung war das damalige politische System, welches
ein jeder Staat adoptirt hatte, das beste der Welt. Selbst
England konnte damit vollständig zufrieden sein! Um dem
Könige Beweis zu liefern, wie entschieden man in Oesterreich
auf der eingeschlagenen Bahn beharre, hob er nochmals hervor,
dass man in Wien jeden Annäherungsversuch Russlands zur
Anknüpfung der alten Allianz zurückgewiesen habe; er machte
sich erbötig, die Beweise für diese Behauptung zu liefern, was
ihm indess, wenn ihn Friedrich beim Worte genommen hätte,
doch schwer geworden wäre.

Mit dem von Oesterreich adoptirten Principe, die Allianz
mit Frankreich unverbrüchlich zu halten, vertrug es sich dennoch nach der Ansicht des Fürsten Kaunitz, wenn die beiden
Nachbarstaaten eine Verständigung über die wichtigsten Fragen
europäischer Politik und eine Anbahnung freundschaftlicher
Beziehungen suchten. Jedoch waren hierzu Verträge nicht
nothwendig, denn diese, legte er dem Könige dar, könnten
nicht geschlossen werden, ohne die gegenseitigen Alliirten mit

einzubeziehen: es genüge, sich über bestimmte allgemeine Principien zu einigen, welche künftighin unverbrüchlich als Gesetz und Regel dienen sollten. Zu diesem Behufe las er dem Könige ein kurzes Schriftstück vor, welches er politischen Catechismus betitelte. Falls der König mit den daselbst entwickelten Ideen übereinstimmen sollte, würde ein einfaches schriftliches oder mündliches Versprechen, sich denselben zu conformiren, weit grössere Dienste leisten, als alle Verträge der Welt. Ein beiderseitig analoges Vorgehen nach diesen Grundsätzen könnte für Oesterreich und Preussen nur grosse Vortheile nach sich ziehen, sie würden sich dadurch zu Schiedsrichtern über Krieg und Frieden machen, sich gegenseitig die grössten Dienste leisten. Kaunitz erblickte in seinem Catechismus eine Art politisches Elixir.

Friedrich schien von den Erörterungen des Staatskanzlers entzückt. Er habe längst ähnliche Ideen gehabt, erwiderte er, nichts stehe im Wege, sich nach dem politischen Catechismus zu richten. Inständig bat er den Staatskanzler, ihm eine Copie des Schriftstückes zu überlassen, um dasselbe beständig vor Augen zu haben! Kaunitz hatte ein schon im früheren Verlaufe des Gesprächs in dieser Beziehung an ihn gerichtetes Ansinnen mit der Bemerkung abzulehnen gesucht, dass er die Weisungen des Kaisers noch nicht eingeholt habe. Ohne auf seiner Forderung zu beharren, lenkte der König nunmehr das Gespräch nochmals auf den Türkenkrieg.

Was er Kaunitz sagte, entsprach so ziemlich der Sachlage. Er gab zu, dass Oesterreich an dem Kampfe sich betheiligen müsse, wenn die Russen Miene machen sollten, die Donau zu überschreiten, wodurch er aber genöthigt werden könnte, die Waffen gegen Oesterreich zu ergreifen, wenn dieses den Krieg auf polnischen Boden hinüberspielen sollte. Denn dazu war er durch seinen Vertrag mit Russland verpflichtet, während er sich den Anschein gab, als ob er sich bei einem Angriffe Oesterreichs gegen Russland in der Moldau oder Wallachei ganz passiv verhalten könnte. Noch hatte sich Kaunitz nicht geäussert, ob Oesterreich unter jenen Bedingungen, die der König Tags zuvor dargelegt hatte, einen Frieden für möglich und wahrscheinlich halte, und ob es ruhig zusehen würde, wenn Russland gewisse Vortheile erlange. Hierauf kam es dem Könige am meisten an, während er den Kaunitz'schen Deductionen in Wahrheit nur ein geringes Interesse abgewinnen mochte. Wenigstens kam er in späterer Zeit mit einer Art Ironie darauf zurück. [1]

Kaunitz, um seine Ansicht befragt, meinte, dass der Friede im gegenwärtigen Momente allerdings mit einer grössern Wahrscheinlichkeit erreichbar sei, da die Pforte ihre Geneigtheit hierzu, durch die Bereitwilligkeit, eine Mediation Oesterreichs und Preussens anzunehmen, ausgesprochen habe. Um jedoch Russland dazu zu bestimmen, sei Niemand geeigneter, als der König selbst, der sich in Petersburg eines grossen Einflusses erfreue; er möge denselben anwenden, um die Kaiserin von Russland durch alle erdenklichen Gründe zur Annahme der Mediation zu bereden, da Oesterreich sich sonst genöthigt sehen könnte, Partei zu ergreifen.

Friedrich war keineswegs gewillt, einen Druck auf Russland auszuüben. Aber wenn Oesterreich ihm einen Anhaltspunkt bot, zeigte er sich doch entschlossen, mit dem Gewichte seines Wortes in Petersburg zum Frieden ernstlich zu mahnen. „Liefern Sie mir die Waffen," rief er aus, „damit ich Russland Furcht einjagen kann." Er warf den einen und den andern Vorschlag hin, in welcher Weise sich dies erreichen liesse; z. B. Oesterreich solle Romanzow sagen lassen, es hoffe, er werde die Donau nicht überschreiten, oder Frankreich zu bewegen suchen, irgend eine kriegerisch lautende Erklärung abzugeben.

Es waren dies leicht hingeworfene Gedanken, die der König selbst vielleicht nicht sehr ernst nahm. Kaunitz boten sie natürlich Gelegenheit, sich über diese kindischen Ideen verwundern zu können, er hatte von einem Manne von Geist solche Ansichten nicht erwartet. Schwer wurde es ihm nicht, die Nichtigkeit derselben aufzudecken. Kaunitz machte dem König den Vorschlag, an Katharina zu schreiben; ohnehin habe er einen natürlichen Anlass, indem er die Kaiserin doch über die Zusammenkunft in Neustadt werde unterrichten müssen; auch habe er ja von Constantinopel Depeschen erhalten, mit der Nachricht, dass die Pforte die Mediation der beiden Höfe verlange. Er solle in Petersburg seine Bereitwilligkeit erklären, sich dieser Aufgabe unterziehen zu wollen und hinzufügen, aus verschiedenen Gesprächen mit dem Kaiser und dem Staatskanzler

---

In den Gesprächen mit Swieten, dem österreichischen Gesandten in Berlin.

auch die Geneigtheit derselben entnommen zu haben, zur Herstellung des Friedens mit beitragen zu helfen, wenn Russland
in Wien die Vermittlung verlangen sollte. Kaunitz wünschte
lebhaft, dass der König der russischen Monarchin die Nothwendigkeit des Friedens recht warm ans Herz legen möchte,
um sie zu bewegen, nicht allzu harte Bedingungen zu stellen.
Mit Preussen gemeinschaftlich war Kaunitz gewillt, sich vorzuwagen: ohne dessen Betheiligung etwas zu unternehmen, war
er damals noch nicht entschlossen.

Friedrich zögerte, die Vorschläge des Staatskanzlers anzunehmen, er begnügte sich zu sagen: er werde sich denselben
conformiren und sich Aufzeichnungen machen, um ja nichts zu
vergessen. Zu einem gemeinsamen Abkommen mit Oesterreich
in der vorliegenden Frage konnte er seine Hand nicht bieten,
so lange er darüber im Unklaren war, welche Concessionen
man in Wien dem russischen Hofe machen wolle. Denn er
war mit sich darüber im Reinen, dass Russland ohne Vortheile
den Krieg nicht beenden werde, und wenn er sich den bedenk-
lichen Folgen einer Vergrösserung desselben auch nicht ver-
schloss und die von Petersburg für den Westen drohende Gefahr nicht gering anschlagen mochte, vorläufig war ihm die
Bundesgenossenschaft der Petersburger Kreise von viel zu hohem
Werthe, um wegen einiger Abtretungen der Türkei jene Allianz
aufs Spiel zu setzen. Einige Rücksicht müsse man doch für
einen Bundesgenossen haben, liess er sich vernehmen, und
spielte auch darauf an, dass Oesterreich seinem Alliirten, Frankreich, den Erwerb von Corsica habe gestatten müssen, obwohl
es ihm, wie er überzeugt zu sein glaube, gewiss nicht angenehm gewesen sei.

Die lange Unterredung endete ohne bindende Abmachungen.
Man tauschte Gedanken und freundschaftliche Erklärungen aus,
ohne jedoch in der wichtigen Frage, die damals Friedrich und
Kaunitz beschäftigte, ein gemeinsames Abkommen getroffen zu
haben. Friedrich wollte zu weitgehenden Schritten gegen Russ-
land die Hand nicht bieten, sich überhaupt nicht binden, ehe
er die Stimmung in Petersburg erforscht hatte. Trotz aller
Versicherungen, die er aus dem Munde des österreichischen
Staatskanzlers zu hören bekam, überwand er sein eingewurzeltes
Misstrauen gegen den Staatsmann nicht, der einen gewaltigen

Krieg gegen ihn heraufbeschworen hatte, einen Krieg, der den
jungen Staat an den Rand des Untergangs gebracht.

Man kann sich einer gewissen Verwunderung nicht er-
wehren, wenn man die Grundsätze, denen Kaunitz für das künftige Verhältniss der beiden Staaten Oesterreich und Preussen
eine solche grosse Bedeutung beilegte, mit Unbefangenheit prüft.[1]
Es sind zumeist Allgemeinheiten ohne irgend welche prakti-
sche Bedeutung. Und es ist gewiss eigenthümlich, dass ein
solch besonnener Kopf, wie Kaunitz, in diesem ‚politischen
Catechismus‘ Lineamente entworfen zu haben glaubte, um für
die Dauer die Beziehungen zweier Staaten zu einander auf
festen Grundlagen zu regeln. Versprechungen wie jene, dass
weder Oesterreich eine Annäherung an Russland, noch Preussen
eine Verbindung mit Frankreich suchen würde, konnten unmöglich ernstlich genommen werden; ferner, wenn etwa von Petersburg oder Paris Allianzversuche in Wien oder Berlin gemacht
würden, sollte eine raschmögliche gegenseitige Mittheilung er-
folgen. Die zufälligen Verbindungen der Staaten untereinander
erhielten dadurch gewissermassen einen Anstrich des Ewigen,
Dauernden. Wenn einer der beiden Staaten irgend eine bedeutende Sache in Angriff zu nehmen sich entschlossen hätte,
solle er dem Andern zuerst hierüber eine Mittheilung machen.
Kleine Erwerbungen zu machen, blieb anstandslos dem Gut-
dünken eines Jeden überlassen, bei grösseren Objecten wollte
man sich zuvor verständigen. Kurz, eine Zeit des Friedens
für Oesterreich und Preussen schien im Anzuge, wenn man sich
nur an die von dem österreichischen Staatskanzler aufgestellten
Ideen hielt.[2] Friedrich verstand es, die Ueberraschung, die er
bei dem Anhören des Kaunitz'schen Elaborats empfinden musste,
vortrefflich zu verbergen, und er mochte später bei sorgfältiger
Ueberlegung die 10 Punkte für so wenig bedeutsam und für
künftighin durchaus nicht präjudicirend ansehen, dass er am
15. November 1770 durch seinen Gesandten Rhod ein von ihm
eigenhändig geschriebenes, jedoch nicht unterzeichnetes Exemplar
dem Staatskanzler übermitteln liess. Denn Kaunitz wollte
sich ohne Einwilligung des Kaisers zu einer Herausgabe des

---

[1] Vergl. die Actenstück in den Beilagen.

[2] Schon Zeitgenossen geisselten mit grosser Schärfe diese Arbeit des Fürsten
Kaunitz, so Bergen in einem Briefe an Maria Theresia.

Schriftstückes nicht entschliessen, und Josef glaubte erst die
Zustimmung seiner Mutter einholen zu müssen. Erst von Wien
aus erhielt Friedrich den politischen Catechismus übersendet. [1]

Ueber Polen fanden eingehende Verhandlungen nicht statt.
Die dortigen Verhältnisse wurden nur vorübergehend gestreift.
Kaunitz meinte, es wäre gut, wenn die Kaiserin von Russland
zu einer Beilegung der polnischen Wirren bewogen werden
könnte, und zwar noch vor dem Beginne der Friedensverhand-
lungen mit der Pforte, denn dadurch würde ein wesentliches
Hinderniss aus dem Wege geräumt. Denselben Gedanken hatte
Kaunitz schon vor Jahr und Tag in der dem Kaiser mitgegebenen Instruction ausgesprochen. Russland möge doch einen
Plan ausarbeiten und denselben in Berlin und Wien vorlegen.
Wenn diese Höfe sich einverstanden erklären, so könnten sie
dann ihre Bemühungen aufbieten, um König und Reichstag
in Warschau zur Annahme desselben zu bewegen. Auch hier-
für wollte Kaunitz die Mitwirkung des Königs in Anspruch
nehmen. Ging Friedrich darauf ein, so lag der Vortheil unbe-
dingt auf Seiten Oesterreichs, welches seit dem letzten Quin-
quennium jeden Einfluss in Polen verloren hatte. Es erhielt
auf diese Weise die Möglichkeit, mit gutem Anstande die abgebrochenen Beziehungen zu Polen wieder anzuknüpfen und
vielleicht gegen den überwiegenden Einfluss Russlands ein
Gegengewicht bilden zu können. [2]

Mit dem Kaiser scheint Friedrich sich in politische Auseinandersetzungen und Erörterungen nicht eingelassen zu haben.
Josef überliess dies den geschickten Händen des Staatskanzlers.

Auf beiden Seiten schied man nicht ohne Hoffnungen, über
kurz oder lang eine Vereinbarung über die schwebende Frage
des Tages zu erzielen. Mit seinem gewöhnlichen Scharfblick
beurtheilte der König den österreichischen Minister. Ueber
den Eindruck, den Friedrich auf Kaunitz machte, wissen wir
aus dessen Briefe an die Kaiserin blos: dass er im Guten und
Schlimmen seine Vorstellungen nicht übertroffen habe.

Kaunitz schmeichelte sich, dass seine Darlegungen auf
den König den grössten Eindruck gemacht hatten; seinen Worten nach vollzog sich ein totaler Umschwung in der Denk-

---

[1] Dies geht aus einem ungedruckten Briefe des Fürsten Kaunitz hervor.
[2] Vgl. den in den Beilagen abgedruckten Bericht des Staatskanzlers an die
Kaiserin, vom 18. Septb. 1770.

und Sinnesweise desselben. Er baute darauf, dass der König
in der von ihm selbst vorgeschlagenen Form an die Kaiserin
von Russland schreiben werde, und wenn diese die Mediation
ablehne, so habe man sich wenigstens in keiner Weise bloss-
gestellt. Nicht minder lebte Kaunitz in dem Wahne, dass auch
seine Ansichten über die Beilegung der polnischen Wirren Anklang gefunden hätten: man könne sich jetzt mehr auf den
König verlassen, schrieb er an die Kaiserin, als es bisher durch
die Vorsicht geboten gewesen sei, auch sei zu erwarten, dass
dieser auch dem Wiener Hofe ein grösseres Vertrauen ent-
gegenbringen werde.

Momentan war die Annahme, dass der Ideenaustausch in
Neustadt nicht auf unfruchtbaren Boden gefallen sei, gerecht-
fertigt. Friedrich befand sich im Wesentlichen mit Kaunitz
in Uebereinstimmung.[1] Er befürwortete in Petersburg die Annahme der Mediation Oesterreichs, ohne seine eigene Betheiligung
zu fordern: er wolle das Glück, die Vermittelung herbeigeführt
zu haben, gern andern überlassen, ohne eifersüchtig zu sein,
schrieb er kurz nach der Zusammenkunft an Solms, seinen
Gesandten in Petersburg. Auch die Pacification Polens brachte
er aufs Tapet.[2]

Die Dinge in Petersburg nahmen indess eine ganz andere
Wendung, als man in Neustadt geahnt hatte. Die Verhandlungen über die Beilegung des türkisch-russischen Krieges
führten — zur ersten Theilung Polens.

---

[1] Vgl. das Schreiben an seinen Bruder Heinrich vom 9. Sept. 1770. Nous
sommes assez d'accord dans nos principes et nos idées.

Abgedruckt bei Smitt, Frédéric II. et Katherine II.

BEILAGEN.[1]

I.

Kaunitz à Sa Majesté l'Impératrice-Reine.

à Vienne, ce 14 Juin 1766.

Il me paroit incontestablement contre l'idée de l'entrevue de Sa Majesté l'Empereur avec le Roi de Prusse, 1° qu'elle sera envisagée comme un effet d'Enthousiasme, et non de simple curiosité, ce qui n'est pas, ce me semble, de la Dignité de l'Empereur de laisser supposer, 2° que les hommes en général, et bien plus encore les Grands Princes ne peuvent guères éviter l'inconvenient de se tromper en bien ou en mal dans les jugemens qu'une connoissance trop courte les engage de porter les uns des autres, et que les impressions qui en résultent peuvent avoir par la suite les plus dangereuses conséquences; 3° que la plus grande partie des cours et du Public attribueroit peut-être tout le voyage de l'Empereur au Projet de cette Entrevue et enfin 4° qu'ouvrant un vaste champ aux réflexions et même aux rêveries de tous les Politiques de l'Europe, elle feroit naitre vraisemblablement des suppositions, des jalousies, des méfiances et des soupçons, auxquels il peut être aussi important, qu'il sera raisonnable, de ne pas donner occasion comme je suis de très humble avis, que Votre Majesté ne peut pas se dispenser de communiquer à l'Empereur l'intercepte dont Elle a daigné me donner communication. je crois, que si Elle jugeoit à propos d'employer des raisons vis-à-vis de Lui, Elle pourroit

---

[1] Sämmtliche Beilagen aus dem k. k. Haus- Hof- und Staatsarchiv.

faire usage de celles que je viens d'exposer, et qui me paroissent sans réplique; mais comme je voudrois que Votre Majesté employat à tout Evénement un moïen de Lui faire abandonner son idée, qui fut infaillible, j'ose Lui proposer, d'ajouter finalement, que, supposé même que les raisons qu'Elle Lui allègue, ne la persuadassent pas parfaitement, Elle le prioit de renoncer à cette idée p a r a m i t i é p o u r Elle. Ici, jusqu'à ce qu'il ne soit arrivé une Lettre de Nugent, je ne puis faire aucune démarche ni vis-à-vis de Lui, ni vis-à-vis de Monsr. de Rohd, et, supposé que Nugent m'écrive, ce qu'il ne fera pas à ce que je crois, parce qu'il aura écrit à l'Empereur en droiture, je devrai me borner à dire alors à Rohd: que, comme de raison, j'ai dû demander les Ordres de l'Empereur, je Lui en ferois part dez qu'ils me seront parvenus. En calculant néanmoins le tems physique qu'il faudroit à toutes ces Allées et venues, je vois bien, que tout ce qui peut émaner d'ici, ne peut plus rien ni pour ni contre la chose; qu'on le sent bien à Berlin, et que moyennant cela, comme Nugent ou de son propre mouvement, ou parce que on le Lui aura insinué, aura écrit en droiture à l'Empereur, la réponse qu'il en aura eue, aura ou décidé déjà, ou décidera au moins de cet Evénement. Votre Majesté pourroit cependant toujours écrire en attendant sur le pied ci-dessus, si Elle le jugeoit à propos, attendu qu'au moins cela ne peut faire aucun mal.

II.

Kaunitz à Sa Majesté l'Impératrice-Reine.

Vienne, 17 Juin 1766.

Sacrée Majesté!

Il vient d'arriver la Lettre très humblement ci-jointe, sur laquelle je crois devoir observer 1° que le propos de Mr. de Finkenstein aïant été tourné de façon, que Nugent, qui n'a pas été chargé d'en écrire, pouvant être censé n'en avoir rien fait, nous sommes dans le cas de pouvoir et même de devoir ignorer entièrement le propos du Ministre Prussien, et 2° que d'après la Lettre de Kestelitz le Roi paroisse avoir été déterminé, à prendre son parti à l'avant de ce que répondroit Nugent, et ce Ministre ayant dit qu'il ne doutoit pas qu'une surprise ne fut très agréable à Sa Majesté l'Empereur, il est très apparent, que le Roi se conduira en conséquence, et que l'Entrevue aura lieu; à quoi tout bien pesé, l'Empereur étant très sage, et très aimable, je vois plûtot du bien que du mal, supposé toutefois que ce soit réellement une surprise, ménagée par le Roi de Prusse sans notre participation: De quoi en cas de besoin la Lettre de Nugent pourra toujours faire foi. Je serais donc de très humble avis, que de la part de Votre Majesté il n'y a point autre chose à faire que d'envoyer incessamment la Lettre de Nugent à Sa Majesté l'Empereur et de Lui mander si Elle le juge à propos, qu'Elle est d'avis, que si le Roi de Prusse veut Lui faire réellement la surprise obligeante de chercher à le voir dans quelque lieu de la Saxe, il Lui paroit convenir, de ne pas décliner cette Entrevue; mais en échange aussi d'éviter soigneusement tout ce qui pourroit donner à Sa Majesté l'air de l'avoir recherché. J'ai cru ne devoir pas tarder de porter la Lettre de Nugent à la connoissance de Votre Majesté, et en Lui demandant pardon de la Liberté que je prends d'oser Lui en dire tout de suite ma pensée pour ne pas perdre de tems, je me mets à ses pieds avec la plus profonde soumission.

III.

Kaunitz à Sa Majesté l'Impératrice-Reine.

à Vienne, ce 23 Juin 1766.

Sacrée Majesté!

Afin que Votre Majesté ne tarde pas à être informée de ce qui m'est parvenu pendant son absence, d'un peu digne de son attention, je prends la Liberté de Lui envoyer les Lettres très humblement ci-jointes, et entre autres celle de Nugent qui vient d'arriver, et sur laquelle je pense, qu'après que le Roi de Prusse a jugé à propos de demander solemnellement une Entrevue à Sa Majesté l'Empereur, il n'est pas possible de s'y refuser, sans le choquer, ce qui ne sauroit convenir, et je crois moyennant cela, que comme il se pourroit que Sa Majesté l'Empereur hésitât par la crainte respectable de faire, peut être en l'acceptant chose qui ne seroit point agréable à Votre Majesté, il conviendroit que Votre Majesté voulut bien Lui mander encore aujourd'hui par un Exprès, qu'Elle Lui conseilloit d'y consentir, supposé, qu'Il ne l'eut pas fait encore, attendu que ayant en main actuellement de quoi prouver au besoin, que non seulement on ne l'avoit pas recherché, mais qu'elle avoit même été formellement demandée, il ne pouvoit plus y avoir de difficulté à cet égard. Je prends la Liberté de joindre aussi pour l'information de Votre Majesté, ce que le lendemain de son Départ pour Presbourg j'ai eu l'honneur d'écrire à Sa Majesté l'Empereur, et en attendant que j'aie le bonheur de me mettre à ses pieds, je me recommande à la continuation de Sa haute Bienveillance.

IV.

Nugent à Kaunitz.

Monseigneur.

Avant mon départ de Dresde, j'ai cru devoir parler au Comte Flemming, et au ministre de France, j'étais chés l'un et l'autre avec le comte Wurmbrand pour prendre Congé, le Comte Flemming fit tomber le Discours insensiblement sur ce que le Roi avait ordonné 40 chevaux de Poste à Torgau et qu'on le savait le 26 de matin à Dresde (ma Lettre au Comte Fink est parti à 9 heures la nuit du 24 au 25, de sorte que le Roi n'a pas attendu son arrivée pour prendre la Resolution). Flemming continuait, que probablement le Roi voudrait voir Sa Majesté l'Empereur, je lui repondais, qu'une surprise pareille ressembloit au Caractère de ce Prince, que j'en ai eu à la vérité quelque soupçon, par un propos vague que le Comte de Finkentein m'avait tenu, il y a quelques jours, et connoissant le Roi, j'avais hâté mon Départ de Berlin, de peur qu'il m'eut voulu mener avec Lui, chose que je n'aurais pu éviter, si j'y fus resté; il est entré ensuite dans les Raisons si extraordinaires, la première était, que ce Prince voudrait montrer à la Russie, que leur alliance ne Lui était pas si nécessaire, il ajoutait que la Russie s'arroge une superiorité dans le Nord qui doit déplaire au Roi.

La seconde, que le Roi veut par lui-même connoitre Sa Majesté l'Empereur, il a donné pour troisième Raison, que peut-être le Roi voudrait s'assurer de la paix pour pouvoir s'agrandir du Côté de la Pologne; il a fini son Discours par dire, que cette Entrevue faira beaucoup de Bruit dans l'Europe, et dans le fond, que ce n'était rien, je l'ai quitté fort tranquille sur cet article. Le Ministre de France parloit à peu près comme le Comte Flemming il traitait la chose encore plus légèrement, et rejettait la demarche du Roi sur la Singularité de son Caractère, et sur sa curiosité: Madame l'Electrice m'a paru, pas tant en peine de l'Entrevue, que piquée de n'en pas être: toutefois Elle ne m'en a pas parlé, mais une Mad. de Schönberg femme du Maréchal de la Cour, qu'on dit être dans sa confiance, m'en a parlé sur ce ton.

Sa Maj. l'Empereur me fit venir la nuit avant son Départ dans sa chambre, pour me dire, que selon toute apparence le Roi viendroit à Torgau, elle est entré dans un Détail sur les différentes vues que le Roi pourrait avoir, avec une justesse et une pénétration, qui fairrait honneur aux gens les plus consommés dans les affaires, je n'avais pas besoin de lui dire, qu'il avait à faire à un Prince sans foi, sans loi, qui a étouffé en lui-même tous les sentiments de l'humanité: que faire des promesses les plus sacrées, pour les rompre ensuite, Lorsque cela convenoit à son intérêt, ne Lui coutait rien, que tout moyen lui était égal, pourvu, qu'il parvient à son but. Sa Majesté connoissait déjà tout cela, et il m'a paru qu'elle connait le Roi tout aussi bien que je pourrais le connoitre: elle fit en même tems une Réflection de plus prudentes et des plus sages, je croyais de mon Devoir de lui demander si Sa Majesté ordonnait peut-être, que je L'accompagne. Sa réponse était que cela aurait trop l'air d'une chose concertée: je lui ai dit, qu'entre autres propositions que le Roi pourrait lui faire, que peut-être il lui parlerait de ses prétentions sur La Lorraine: Sa Majesté m'a répondu, la Silesie arrondiroit mieux nos Etats: voyant tant de Pénétration et tant de connoissances, à un si jeune Prince, je l'ai quitté avec Etonnement, et je ne m'inquiétais pas d'une Entrevue, qui ne peut que lui faire honneur. Me

recommandant, Monseigneur, toujours à l'honneur de Sa Protec-
tion j'ai l'honneur de me dire, Monseigneur,

de votre Altesse

Le plus humble et plus obéissant serviteur

de Nugent.

Carls-Bad, ce 30 Juin 1766.

V.

Brief von Lacy an Nugent.

La Vôtre du 9 m'est parvenue aujourd'hui le 16 à Carls-
bad où j'ai cru vous trouver. S. M. l'Empereur m'ordonne de
vous envoyer le Journal de son voyage, pour n'en faire d'autre
usage que celui de vous mettre au fait des dates, quand il
arrivera à Dresde et à Torgau, ce qui d'ailleurs n'est point
un mistère. A l'égard de l'entrevue du Roi de Prusse avec
S. M. l'Empereur il m'ordonne de vous dire: de vous tenir dans
une parfaite neutralité et d'éviter de toute façon une réponse
positive sur le oui ou le non, puisque S. M. est autant éloignée
de désobliger ou de refuser une entrevue avec le Roi, si le
hasard et la surprise la lui procure qu'il l'est de faire la moindre
demarche qui paraisse devant le monde, de l'avoir désirée,
mais encore d'agir ouvertement pour se l'attirer; ainsi vous
agirez en conséquence en cas que le Comte de Finkenstein
vous en parle de nouveau, lui disant ouvertement le jour que
S. M. sera à Torgau, vous rebattant toujours de n'avoir aucun
autre ordre ni pour ni contre, la surprise seule pouvoit donner
le prix à la chose; mais si entre temps vous recevez des
ordres là-dessus de Vienne, vous agirez en conséquence, et S. M.
veut, que vous ne fassiez usage quelconque de tout ceci
qu'en tant qu'ils sont pleinement conformes aux autres, cependant vous m'informerez dès que vous saurez quelque chose
de positif sur l'intention du Roi par le même canal, que vous
recevrez celles-ci, si effectivement il se détermine de venir à
Torgau (qui n'est point l'endroit pour bien des raisons le plus
désirable) ou s'il a renoncé à cette idée.

VI.

Lettre à Sa Majesté l'Empereur.

à Vienne, ce 28 Août 1768.

Sire,

Sa Majesté l'Impératrice a reçu les deux Lettres très humblement ci-jointes, lorsque mes autres Rapports de la date d'aujourd'hui étoient sur le point d'être dépêchés à Votre Majesté. Elle y trouvera l'importante nouvelle de la Déclaration de Guerre contre la Russie, que la Porte doit avoir fait publier à Belgrade avec les Solennités usitées en pareil cas le 16 du courant. Cet Evénement a droit d'étonner, au moins, par ce qu'on ne devoit pas supposer qu'il dut être si prochain; et s'il est vrai, il est digne assurément de la plus sérieuse Attention par les suites qu'il pourroit avoir un peu plutôt ou un peu plus tard, si on l'abandonnoit à lui-même et sans prendre aucune des mesures que peut fournir une Politique sage et éclairée; mais comme jusqu'ici nous ne tenons cette grande nouvelle que d'un Douanier de Semlin dont la Lettre datée du 16 n'a été suivie ni précédée par aucune autre jusqu'à ce jour, et que moyennant cela elle me paroit avoir besoin d'une Confirmation plus légale, Sa Majesté se bornera dans ce moment-ci à ordonner, que, sans témoigner la moindre inquiétude ni de fait ni de propos, on ait dans ses Etats, sans affectation cependant, tous les bons procédés possibles pour les Turcs qui peuvent s'y trouver. Je ne saurais cependant cacher en même tems à Votre Majesté, que cet Evénement me paroit rendre encore bien plus désirable son Entrevue avec le Roi de Prusse, parce qu'elle peut prévenir des suites, dont il est très fort à désirer de se mettre à couvert s'il est possible. Le tems presse, et j'épargnerai moyennant cela à Votre Majesté toutes les Réflexions dont la matière est susceptible, et qui aussi bien n'échapperont pas à Sa Pénétration pour prendre la Liberté de lui exposer très humblement, que je crois qu'Elle pourroit dire au Roi de Prusse à peu près ce qui suit, à sçavoir:

Qu'Elle vient d'avoir l'importante nouvelle de la Déclaration de guerre contre la Russie que la Porte doit avoir fait publier à Belgrade le 16 du Courant avec toutes les Solennités usitées en pareil cas.

Que cet Evénement, auquel, aussi promptement au moins, on ne devoit pas s'attendre, mettoit Votre Majesté dans le cas de donner au Roi la première preuve de la Sincérité de Ses intentions et de tout ce qu'Elle lui avoit dit, ainsi que de la franchise avec laquelle Elle vouloit en user à son égard dans toutes les occasions.

Que le Roi étoit trop éclairé, pour ne pas sentir les suites que pouvoit avoir la guerre une fois allumée entre deux Puissances dont il étoit l'Allié de l'une et nous les voisins de l'autre, si au lieu de convenir amicalement des moyens de les prévenir on abandonnoit les choses au hasard des Evénemens, et que moyennant cela Votre Majesté croyoit devoir profiter du plaisir qu'Elle avoit de se trouver avec lui dans ce moment-ci, pour lui dire tout naturellement:

Qu'Elle étoit déterminée à ne prendre aucune part à la guerre supposée entre la Porte et la Russie, à moins qu'Elle ne se trouvât dans le cas de ne pas pouvoir s'en dispenser.

Que ce qui pourroit l'y entraîner, ce serait la part que le Roi pourroit juger à propos d'y prendre, et qu'ainsi Elle le prioit de lui dire avec la même franchise, qu'elles étoient ses Résolutions à cet égard, et lui offroit pour le cas auquel elles fussent conformes aux Siennes, de s'arranger avec lui de la façon qui lui seroit la plus agréable, et qu'il jugeroit lui-même être la plus propre à empêcher le feu de la guerre de s'étendre, et à assurer la durée de la Paix et de la bonne intelligence entre Votre Majesté et lui, que sincèrement elle désiroit. Comme je ne pense pas qu'il veuille se brouiller avec la Porte, je crois qu'il donnera volontiers les mains à un pareil arrangement; en tous cas la Proposition nous fera voir clair sur le fond de Ses intentions, et on se mettra par là à même de pouvoir prendre des mesures en conséquence au moins avec moins de danger qu'il n'y en a, lorsqu'on est obligé d'en prendre dans l'état d'incertitude. Je me flatte que Votre Majesté voudra bien agréer, en faveur de mon attachement à ses intérêts, ce qu'à la hâte je prends la liberté de Lui mander sur ce Sujet, et j'ai l'honneur de me recommander à Sa Bienveillance avec la plus profonde Soumission.

VII

Lettre à Sa Majesté l'Empereur.

(Dictée par S. A. elle-même   à Vienne ce 28 Août 1768.
et dépêchée par le Courier Kleiner.)

Sire.

Après avoir porté à la connoissance de Votre Majesté par
le Rapport Allemand très humblement ci-joint les dernières
nouvelles de Constantinople, et d'autres lieux, qui m'ont paru
les plus dignes de son attention, je crois devoir soumettre en
même tems à ses Réflexions quelques-unes de mes rêveries
politiques que l'Etat actuel des circonstances me paroit pouvoir
également rendre dignes de quelque attention.

Tout me confirme de plus en plus dans l'idée où je suis:
que le Roi de Prusse ne veut plus de guerre avec nous; qu'il
voit bien, qu'il ne tirera pas grand parti de l'Angleterre; qu'au
fond de l'âme il est las de l'Alliance de la Russie; quoiqu'il
méprise le ministère françois, il seroit bien aise d'être ou au
moins d'avoir l'air d'être bien avec la France, pour pouvoir en faire
parade, et augmenter par là d'autre part le prix de sa valeur
politique; et enfin qu'il aimeroit mieux contracter des liaisons
avec la Maison d'Autriche qu'avec qui que ce soit, s'il pouvoit
se persuader que de bonne foi Elle put pour jamais oublier la
perte de la Silésie.

J'ai toujours pensé et je pense encore, qu'il seroit très
interessant de pouvoir détruire le germe de méfiance que les
doutes et les craintes de ce Prince sur un objet aussi important pour lui entretiennent dans son Esprit. Je désirerois beaucoup par conséquent qu'il put se trouver un moyen propre à
faire cet effet désirable et propre en même tems à pénétrer, si
en effet il est sérieusement occupé de l'objet de la succession
à venir, quelles peuvent être ses idées à cet égard, et quels
sont les moyens qu'il se propose d'employer pour en assurer le
succès; attendu que je voudrois, qu'il put être amené à envisager
comme la chose la plus analogue au succès de ses vues le parti
de renoncer une bonne fois à toute méfiance, et de s'entendre
au contraire, sur ce qui peut lui tenir à coeur, avec Votre Majesté, vu que, si les choses pouvoient être portées à ce dégré de

confiance réciproque, non seulement il s'ensuivroit toute la certitude morale possible du maintien de la tranquillité générale, mais qu'il résulteroit peut-être même de la nature des arrangemens réciproques des moyens de s'assurer ou de se préparer au moins des avantages particuliers pour l'avenir, et dès à présent celui d'augmenter notre considération vis-à-vis de la France, et moyennant cela ses attentions et ses ménagements pour Nous.

Or je ne vois qu'un moyen qui pourroit faire cet effet, et ce moyen c'est une entrevue de Votre Majesté avec ce Prince. Je sçais qu'il a beaucoup d'esprit, qu'il est très séduisant, et que surtout, non seulement il ne dit guères que ce qu'il veut bien dire, mais qu'il lui arrive même souvent, de dire ce qu'il ne pense pas; Et je ne dissimulerai pas moyennant cela à Votre Majesté, que bien loin de désirer je craindrois une pareille entrevue, si je n'étois aussi persuadé que je le suis, de la sagesse, de la Prudence et du sang froid de Votre Majesté: qualités à la dernière desquelles surtout j'ai peine à croire, que la vivacité du Roi, et son envie de briller en parlant, pourront résister.

Dans la supposition donc que cette Entrevue pût avoir lieu : je prends la liberté de soumettre très humblement au discernement de Votre Majesté quelques Réflexions sur ce qu'il pourroit y avoir à observer à cette occasion.

Il me semble que des assurances d'Estime et d'Amitié, qui porteroient le caractère de cette noble franchise, qui persuade bien plus que le discours le plus élégant, devroient être le premier point de la Conversation, et le second, le soin de le guérir de tous ses soupçons sur nos vûes et nos intentions; Ce qui me paroîtroit ne pas pouvoir être exécuté avec plus de vraisemblance de succès, que par un raisonnement pareil à peu près aux propos qu'il a plu à Votre Majesté de tenir à Chevalier de Sinzendorff, et que je me rappelle avoir lus avec beaucoup de satisfaction dans un Intercepte. Le raisonnement étoit simple, et par conséquent le plus propre à persuader.

S'il arrivoit que le Roi parlât d'une Alliance, je crois qu'il conviendroit de ne témoigner aucun éloignement pour un simple Traité d'Amitié, qui peut fort bien tenir vis-à-vis des tous autres Traités. Mais je pense, que Votre Majesté pourroit donner à connoître en même tems au Roi, qu'Elle croit devoir lui avouer ingenuement que sans un besoin urgent, et une utilité

évidente Elle ne donne pas volontiers la préférence en matière
d'Arrangemens à ceux qui se font par les voyes Ministeriales,
parce qu'Elles donnent à penser et effarouchent inutilement, et
que moyennant cela Elle fait bien plus de cas, et met une confiance bien supérieure dans ceux qui sont fondés sur la parole
personnelle et l'intérêt réciproque des Princes Contractans.
Votre Majesté pourroit ajouter, qu'Elle est intimement persuadée, que, si la Maison d'Autriche et le Roi de Prusse vouloient s'entendre de bonne foi, et pour cet effet bannir pour
jamais toute méfiance, les Maisons d'Autriche et de Brandebourg sans aucun préjudice à leur intérêt particulier pourroient
se rendre de très bons services, et assurer infailliblement la
Paix et la tranquillité de l'Allemagne, pour le cas même, auquel
la France et l'Angleterre se retrouvassent en guerre et vou-
lussent l'étendre sur le continent. Qu'Elle croyoit qu'un arrangement préalable de Neutralité pour le cas en question entre
les Cours de Vienne et de Berlin seroit une mesure très sage,
qui augmenteroit leur Considération mutuelle, et qui les mettroit en état de donner le Ton tant en paix qu'en guerre, et
que, supposé que le Roi pensat comme Elle à cet égard, il Lui
sembloit que le meilleur moyen à employer pour cet effet ce
seroit que Votre Majesté au nom de Sa Majesté l'Impératrice
et au Sien, et le Roi de son coté s'addressassent réciproquement une lettre familière, et que dans ces lettres le Roi et Elle
se donnassent réciproquement Leur parole sacrée de vouloir
vivre en paix et en bonne amitié, d'observer une Neutralité
exacte, s'il survenoit une guerre et de se garder le Secret sur
cet Engagement réciproque. Que cette méthode paroissoit préférable à Votre Majesté, parce qu'elle valoit bien un Traité, et
que d'ailleurs on pouvoit moyennant cela affirmer avec vérité,
qu'on n'en avoit point fait. Mais il faudroit cependant avoir
le plus grand soin, que dans cette Lettre il n'y entrât pas
même la moindre expression dont on pût abuser, ou qui pût être
envisagée par d'autres Puissances comme un Engagement offensif.
    Si la Conversation tomboit sur le Chapitre de la France,
je pense qu'il faudroit ne point cacher au Roi que le Ministère
François n'a pas manqué d'informer amicalement Votre Majesté
que l'on étoit occupé actuellement à rétablir la Correspondance
directe entre Lui et la France, et que l'on traiteroit sur cet
objet à la Haye; que Votre Majesté avoit fait témoigner qu'Elle

regarderoit cet Evenement comme aussi simple qu'indifférent, et que si le Duc de Choiseul avoit peut-être imaginé qu'il seroit vu ici d'un autre oeil, il s'étoit trompé très fort, Votre Majesté n'envisageant dans l'Alliance de la France autre avantage, que celui du maintien plus facile de la tranquillité générale, et cette Alliance n'ayant nullement des vues d'aggrandissement pour objet; attendu qu'il ne peut nous convenir ni de part ni d'autre de nous voir augmenter de puissance. Que le Roi avoit trop de lumières pour ne pas sentir cette importante vérité, et que par conséquent Votre Majesté étoit persuadée qu'il ne seroit pas même bien aise de nous voir abandonner l'Alliance de France, ainsi que nous ne pensions pas même à désirer qu'il rompit ses Liens avec l'Angleterre son Allié naturel; Qu'en tout cas la partie seroit égale, attendu que l'Autriche et la Prusse ne pouvoient dans aucun cas manquer d'avoir ou la France ou l'Angleterre pour Alliés et qu'au vrai ce qui leur convenoit davantage c'étoit de se mettre dans une situation à ne pas avoir à s'embarrasser beaucoup d'Alliés et d'Alliances.

Quant à la Russie, il me semble qu'il seroit très utile, de témoigner tout rondement, que Votre Majesté étoit très éloignée de vouloir envier ou débaucher cet Allié au Roi, auquel Elle donneroit des justes soupçons par une pareille démarche, qu'Elle n'étoit pas dans la volonté de vouloir lui donner, trouvant tout simple que le Roi cherchât à avoir le dos libre; qu'en attendant nous croyons ne pas desservir le Roi par l'indifférence que nous marquions à la Russie, puisque cette Puissance n'en deviendroit que plus fière et plus intraitable, si elle se voyoit aussi par nous recherchée, et que par la même raison il sembloit qu'il n'y avoit pas de mal que les affaires de Pologne n'allassent pas tout à fait comme elle pouvoit le désirer.

S'il arrivoit que le ton qu'auroit pris la Conversation, mit le Roi assez à son aise pour l'engager à s'ouvrir de son propre mouvement sur le cas possible de l'extinction de la Succession masculine dans sa Maison, il faudroit, ce me semble, louer sa prévoyance, et l'assurer, que, si cela pouvoit lui être agréable, Votre Majesté étoit sincèrement disposée à seconder ses vues à cet égard, pour autant qu'elles pourroient ne point être contraires à l'intérêt de sa Maison qu'à cela près Votre Majesté se feroit un plaisir de les appuyer au besoin de son

Autorité et de son Pouvoir, Et que si Elle ajoutoit cette re-
striction à ses offres, ce n'étoit que parce que le Roi seroit en
droit de les croire peu sincères sans cette condition, qui d'ailleurs va sans dire: Mais que comme c'étoit une affaire sur laquelle il y auroit des arrangemens à prendre et des combinai-
sons à faire, soit par rapport à la Bulle d'Or et autres Consti-
tions de l'Empire qui s'opposent à la Succession des femmes
dans les Etats Electoraux, soit par rapport aux Erb-Verbrü-
derungen de la Maison Electorale de Brandebourg avec celles
de Saxe, de Cassel, de Mecklenbourg etc. Votre Majesté étoit
d'avis qu'il conviendroit, de concerter, le plutôt que faire se
pourroit, un Plan solide et raisonnable sur cet important objet.
Et je pense, que quant à présent il ne faudroit encore faire
aucune mention de l'Anecdote du Droit de Retrait du Margraviat de Brandebourg stipulé en faveur de la Maison d'Autriche
par les Réversales que donna le Bourggrave Frédéric de Zollern
en achetant le dit Margraviat, pour le cas que la succession
Masculine vint à manquer dans la Maison de Brandebourg, à
moins que le Roi n'en parlât lui-même comme d'un moyen
de Droit dont la cession de notre part pourroit lui être utile,
pour pouvoir s'en prévaloir vis-à-vis de ceux qui pourroient
former des prétensions à sa Succession.

S'il arrivoit qu'il parlât des troubles actuels de la Pologne, Votre Majesté pourroit, ce me semble lui dire tout naturellement qu'Elle persistoit dans la Résolution de n'y prendre
aucune part, à moins que d'autres Puissances ne s'en mêlent,
ou que quelqu'un ne s'avise de vouloir s'aggrandir aux dépens
de la Pologne.

Et Votre Majesté pourroit terminer enfin sa Conversation
politique en assurant le Roi sur sa parole, qu'il pouvoit être
persuadé, que son Systeme Politique et celui de l'Impératrice
se réduisoit à la Résolution très décidée, d'employer tous les
moyens qui pourroient dépendre de leurs soins et au besoin
même de leur Puissance, pour le maintien de la Tranquillité
générale, et en particulier celle de l'Allemagne, des Pays-Bas
et de l'Italie; Que c'étoit uniquement dans la vue de pouvoir
employer à cette fin désirable, même les moyens de force s'il
le falloit, que Votre Majesté s'occupoit aussi sérieusement qu'Elle
le fait, du soin de tenir ses Armées complettes, pourvues de
tout ce qu'il faut, pour pouvoir faire la guerre d'un moment à

l'autre, et dans le meilleur état de discipline possible; Qu'à la prope Défense près elles n'étoient destinées à aucun autre usage, Mais qu'Elle les employeroit toujours volontiers, si cela étoit nécessaire, à une fin aussi louable, et verroit avec beaucoup de plaisir, que d'autres Puissances et le Roi surtout voulut concourir avec Elle à rendre un service aussi important à l'humanité.

Je demande très humblement pardon de Votre Majesté, si j'ai peut-être abusé de sa patience par la prolixité de ce Rapport; je me flatte en tout cas, qu'Elle daignera admettre l'intention pour excuse, et dans cette espérance je prends la liberté de me mettre aux pieds de Votre Majesté avec etc.

VIII.

Matières que vraisemblablement le Roi de Prusse pourra mettre sur le tapis à l'occasion du prochain séjour de l'Empereur à Neisse.

(Die cursiv gesetzten Stellen rühren von Josef her und sind in Neustadt niedergeschrieben.)

Il est à supposer d'après ce que nous ont appris jusqu'ici tous les Interceptes, que le Roi tâchera

1° de découvrir la véritable raison de la visite, dont l'honore l'Empereur;

2° de démêler, par toutes sortes de Propos et de tournures, le vrai systéme Politique actuel de la Cour de Vienne; et enfin

3° d'indisposer, s'il le peut, l'Empereur contre la France et son alliance par tous les moyens qui lui paroitront les plus propres à cet effet.

Il semble que rien ne déroutera avec plus de succès sa Politique et son Caractère soupçonneux et méfiant, que de prévenir ses vues et ses questions par des Propos aussi pleins de franchise, que de dignité; et l'on est moyennant cela du très humble avis, qu'il pourroit convenir:

1°. Quelles sont les véritables raisons, qui peuvent avoir déterminé l'Empereur à cette Entrevue?

ad 1m de déclarer,[1] s'il se peut, dès le premier abord, que S. M. étoit fort aise de se trouver enfin à portée de pouvoir faire la connoissance personelle du Roi, qui lui avoit toujours paru extrèmement intéressant non moins comme un grand homme, que comme un grand Prince et voisin; que la visite, qu'il lui faisoit, en étoit le plus sûr garant possible; mais qu'il ne lui cacheroit pas cependant, qu'il s'étoit livré avec d'autant plus d'empressement à cette Entrevue, qu'il désirait sincèrement établir, s'il se peut, une vraie et solide confiance et bonne Intelligence entre les deux Cours que rien ne lui avoit paru plus propre à la cimenter, et à détruire jusques au germe de l'ancienne jalousie et méfiance, qu'une connoissance personnelle.[2]

Que S. M. étoit bien aise aussi de pouvoir admirer par Elle-même, une partie au moins de ce que l'art militaire doit à la sagacité et aux travaux infatigables du Roi, et que c'étoit à quoi se bornoient toutes ses vues et tous ses projets dans la visite, qu'il avoit la satisfaction de lui faire.

2°. Si on pouvoit se flatter, d'engager la Cour de Vienne, à abandonner son alliance avec la France.

ad 2m. Il faudroit saisir la première occasion possible pour faire comprendre au Roi que la Cour de Vienne est très déterminée à persévérer dans son alliance et à ne pas manquer à la France, à moins que la France ne lui manque la première: non seulement parce qu'elle est incapable d'infidélité envers qui que ce soit; mais en particulier parce que son alliance avec la France est bonne et solide, attendu qu'elle est fondée sur l'intérêt réciproque des deux Parties, qui après s'être fait la guerre

[1] ces différentes Phrases furent dites à plusieurs fois, et de différentes façons, il avança d'abord le premier le désir d'une sincère amitié, et d'un parfait Reconciliement cela fut répété cent fois, et me parut sincère, je crois, qu'il désire sincèrement la Paix, mais qu'il voudroit que nous nous embarquions dans quelque mauvaise affaire.

[2] Sa Personne seule, et d'être connu pour lui, furent constamment mes propos.

depuis des siècles rarement pour soi et presque toujours pour les autres, n'ont plus aujourd'hui rien à appréhender l'une et l'autre, et se sont mises moyennant cela fort à l'aise vis à-vis de leurs autres Ennemis possibles, et que c'est par conséquent, comme chacun y trouve son compte; ce que l'on peut appeler une bonne affaire.[1]

3°. Quel est au vrai notre système politique actuel?

Que désirant sincèrement la durée de la paix[2] et de la tranquillité générale, pour être dans le cas de pouvoir concourir à empêcher qu'elle ne soit troublée, nous avons soin de nous tenir constamment en état de pouvoir faire la guerre d'un moment à l'autre, si on nous y forçoit; que notre système politique actuel étoit donc purement pacifique, et que pour s'en convaincre il suffisoit d'examiner avec impartialité toutes nos actions et toutes nos démarches pendant la guerre ainsi que depuis la Paix; que c'étoit cependant précisement, parce que rien n'étoit plus simple et plus uni, que bien des gens avoient eu de la peine à se persuader qu'il l'étoit réellement autant qu'il paraissoit l'être, et qu'ils avoient voulu trouver des finesses, où il n'y en avoit aucune; mais que l'on étoit persuadé que le Roi étoit trop éclairé, pour ne pas nous avoir mieux jugé d'autant plus, qu'il ne pouvoit ignorer, que nous n'avions jamais intrigué en façon quelconque, ni en Russie, ni en Angleterre, et que depuis les troubles, qui se sont élevés en Pologne, ainsi qu'entre la Russie et la Porte, nous avons observé la neutralité la plus exacte et n'avions fait aucune démarche qui ne soit parfaitement analogue à nos Intentions pacifiques.[3]

---

[1] Il ne m'a jamais tenté sur cet article, aiant été le premier à lui en parler avec avantage.

[2] Le 25. La Paix et toutes ces raisons furent par moi alléguées; il m'assura la même chose à plusieurs reprises; les jours suivans, les mêmes Propos répétés à plusieurs reprises.

Il loua beaucoup la sagesse de nos procédés et le Ministère du Prince Kaunitz qu'il déclara être à son avis la première tête de l'Europe; c'était son expression, je lui assurai que le Prince savoit aussi l'admirer et que j'étois sûr, qu'il ne partoit avec du plaisir, que j'avois, mais qu'il se contentoit au moins

Que nous étions d'avis qu'une guerre, même heureuse, étoit toujours un très grand mal, et dans le cas le plus favorable toujours plus nuisible qu'utile, qu'en conséquence de cette vérité dont nous étions intimement convaincus, nous regardions comme les meilleures des conquêtes possibles le soin, d'améliorer l'industrie, la Culture et les finances de l'Etat, de payer des dettes, et de nous tenir en état, s'il le faut, de pouvoir faire et soutenir une guerre avec la même ardeur avec laquelle nous desirons la Paix.[1]

Que notre alliance même avec la France étoit une preuve de notre système pacifique puisqu'il ne peut nous convenir ni à l'un ni à l'autre de nous laisser faire des conquêtes.

4°. Quelle est en échange notre opinion sur les Intentions du Roi?

Que nous sentions fort bien, que son alliance avec la Russie différoit de la nôtre avec la France en ce qu'elle étoit très compatible avec des projets de Conquêtes; mais que malgré cela nous croyions ne pas devoir douter que le Roi ne désirât également la durée de la Paix et qu'ainsi que nous il ne se détermineroit à faire la guerre, que si on lassoit sa patience.[2]

avec les Portraits, dont il faisoit collection seulement pour en trouver un bon.

[1] *Le 25. Cela je lui relevai deux fois, avec un air affecté d'en sentir les raisons, vantant beaucoup ses désirs pour l'humanité et le patriotisme allemand, qui devroit faire qu'on soit amis et non qu'on s'égorgeat, les autres jours cela revint sur le tapis, et je lui fis même un grand détail de nos arrangemens internes, tant en fait de finances que ceux qu'on a pris pour rendre l'armée mobile à chaque moment; il loua cette Précaution, mais en resta étonné.*

[2] *Il ne l'a pas demandé, ainsi je n'en ai point parlé, seulement il m'a dit deux fois, quand j'étois jeune, j'étois un ambitieux; mais à cette heure je ne suis plus le même; et une autre fois; vous me croyez rempli de mauvaise foi, je le suis, je l'ai un peu mérité, les circonstances l'exigeoient, mais cela est changé — je me suis tû à toutes deux.*

5º. Si nous comptions rester neutres au cas d'une guerre qui pourroit survenir entre la France et l'Angleterre.

Que n'ayant d'autre Traité avec la France que notre Traité défensif, l'année 1756, dont les engagemens ne s'étendent point au delà du Continent de l'Europe, nous étions dans le cas de pouvoir prendre le parti de la Neutralité sans manquer à notre allié en façon quelconque, Que nous supposions, que le Roi de son Côté n'avoit point avec l'Angleterre des engagemens qui l'obligeassent à prendre part à une guerre maritime, qui pourroit survenir entre elle et la France, et que moyennant cela dans le cas supposé, Rien ne nous empêcheroit de continuer à vivre en bonne Intelligence avec lui, et d'assurer conjointement la Paix, et la Tranquillité de l'Allemagne, s'il étoit aussi disposé, que nous l'étions à prendre dans ce cas le parti de la Neutralité, et à s'arranger avec nous à cet égard.[1]

6º. Quel seroit le meilleur moyen, qu'on pourroit prendre pour établir et assurer d'avance une pareille neutralité.

Que bien éloignés de la façon de penser des temps passés nous regardions des Traités solemnels comme des actes d'une utilité communement très inférieure, au nombre de leurs Inconveniens, attendu qu'ils font toujours beaucoup de bruit et d'impression, souvent et même ordinairement contraires à la

---

[1] Le 25. A ce sujet il fit les premières avances, et dit qu'il avoit longtems sur le cœur le désir de la Neutralité; mais que différentes Circonstances l'en avoient empêché, qu'il n'avoit aucun engagement avec l'Angleterre, qui le gênât; ni même avec la Russie, qu'ainsi il croiroit cette déclaration mutuelle excellente; il tapa tout de suite dans le Projet des lettres à écrire, fit difficulté de mettre les mots: De foi du Roi que j'exigeois, et vouloit y suplier par ceux: d'honnête homme et parole d'honneur, je ne pûs bonnement les refuser, mais n'y acquiescant point entièrement, je laissai tomber cette conversation; Il déclara pourtant vouloir écrire le premier, je lui donnai un brouillon, il y changea quelque chose et écrivit comme je l'ai déjà raporté le premier, la lettre déjà écrite.

vérité sur des stipulations[1] très simples, très innocentes, et
même très louables, qu'en partant de ce Principe depuis la
Paix d'Hubertsbourg, nous n'avions non seulement fait aucun
Traité nouveau, ni aucune accession nouvelle, mais que nous
n'avions pas même renouvelé aucun de nos anciens Traités,
notamment vis-à-vis de l'Espagne, ce qui n'étoit pas moins vrai,
quelque peu vraisemblable que cela puisse le paroitre; qu'en
particulier un Traité formel d'amitié et de neutralité entre la
maison d'Autriche et de Brandebourg sans nécessité et même
sans une utilité proportionée ne seroit bon qu'à donner des
soupçons et de la méfiance aux amis et aux ennemis des parties
contractantes, et que moyennant cela, comme il ne s'agit ici
que d'être assuré de part et d'autre, sur quoi on peut compter,
on croit, que le parti le plus convenable à prendre dans l'oc-
curence,[2] dont il s'agit, seroit, que le Roi, et l'Empereur en son
nom, et ainsi qu'au nom de l'Impératrice s'écrivissent des lettres
amicales de main propre, et que ces lettres continssent la promesse positive, et réciproque d'une sincère amitié et d'une
exacte neutralité au cas d'une guerre, qui surviendroit entre
l'Angleterre et la maison de Bourbon, avec l'assurance, que, s'il
arrivoit que de part et d'autre il s'élevât quelque sujet d'In-
quiétudes ou de plaintes, celle des deux parties, qui seroit dans
ce cas, pricroit l'autre amicalement, de vouloir bien s'en expliquer avec elle, l'Empereur pourroit s'offrir à communiquer
un Canevas de pareilles lettres et le Projet ci-joint seroit
peut-être le plus propre à mettre Sa Majesté dans le cas de

---

[1] Le 25. Tout ceci fut dit et parut lui faire quelque Impression.

Il convint de cela, mais me dit: Vous verrez je ne serai
plus; mais dans 20 ans notre alliance ensemble sera nécessaire
à tous deux à cause du despotisme Russe, je lui fis sentir tout
ce qu'elle perdroit de sa valeur, s'il n'existoit plus, il me répondit,
j'en conviens, mais une monarchie ne se détruit pas si vite, et
la mienne est bien montée, s'ils veulent même, ils ne pourront
presque point la quiter.

[2] au sujet de la lettre tout a déjà été rapporté et l'Idée de
lever toute idée de méfiance au Roi et de ne paroitre point jaloux de son alliance avec la Russie m'a fait passer sur le changement de la lettre projettée.

pouvoir écrire tout de suite, et par conséquent de lever la difficulté qui pourroit se rencontrer au sujet de la question, qui des deux écrira le premier?[1]

7°. **Quelle est la façon dont nous nous conduisons vis-à-vis de la France? et notre opinion sur ses vues Politiques?**

Que nous devons à la France le témoignage de s'être toujours conduit[2] à notre égard pendant toute la guerre ainsi que depuis la Paix avec la plus grande loyauté et les plus grands égards, que nous en avions usé de même vis-à-vis d'elle, mais que quoique fidèles alliés n'étant nullement dépendans nous ne nous étions jamais laissés et ne nous laisserions jamais imposer rien au delà de la lettre de nos Traités; que c'est par un effet de ce Principe que toute l'Europe nous a vu prendre des mesures tout différentes des siennes tant à Constantinople qu'en Pologne et en Suède, que ce sont des faits notoires, qui font preuve, et que nous sommes bien décidés à suivre cette méthode dans tous le tems, persuadés que c'est la plus convenable au Caractère de la Nation françoise, qu'en gros nous croyons pouvoir compter sur sa constance, et sa fidélité, ainsi, qu'elle pouvoit être assurée de ces sentimens de notre part, et qu'au reste nous étions d'autant plus tranquilles sur ce sujet, qu' heureusement nous étions dans une situation à ne pas devoir appréhender de rester sans alliés, si jamais contre toute attente la France étoit capable, de nous manquer.

Que pour ce qui regardoit en particulier les defauts de la nation, nous les envisageons avec l'indulgence, qu'à cet égard les gens raisonnables doivent à leurs amis: que nous y trouvions d'autant moins d'inconvénients, que nous n'y prenions

---

[1] *Quant à ce Point là il en est entièrement couvenu et m'a demandé, si dans des cas pareils je ne voudrois pas lui par mettre de m'écrire de main propre, et me prit d'en faire autant, je ne pas le lui refuser, mais je le restreignis aux cas de nécessité et à ceux ou les Mrs. respectifs n'en devroient rien savoir, il en fut d'accord, et cela est donc réglé entre nous, il me dit même je n'écriré plus à ame de ces lettres qu'à M. du Ministère.*

[2] *Il ne m'a guères questionné là dessus, je lui en ai pourtant parlé une fois, et il a fort approuvé notre conduite.*

aucune part; et qu'il pouvoit nous être indifférent, que la France
fit des choses contraires à son intérêt; mais que d'ailleurs nous
avions tout lieu de croire qu'elle n'avoit nullement le Projet de
rallumer la guerre.[1]

8°. Quelle étoit notre façon de penser sur l'Angleterre?

Que nous désirions sincèrement vivre en bonne intelligence avec cette puissance ainsi, qu'avec toutes les autres, pour
autant que cela pouvoit être combinable avec nos engagements
vis-à-vis de la France, mais que, quoiqu'il pût arriver par la
suite des tems, les Puissances maritimes ne devoient pas se
flatter de nous faire rentrer jamais dans la dépendance, où a
été jadis vis-à-vis d'elles la maison d'Autriche, et de se servir
de nous, comme de la pate du chat.[2]

Que la Cour de Vienne s'étoit laissée bercer pendant
plus d'un siècle de la prétendue balance et opposition directe
d'intérêt entre Elle, et la maison de Bourbon; mais que le
voile étoit enfin heureusement déchiré et qu'on sauroit à l'avenir sans blesser la bonne foy n'en pas moins veiller à ses intérêts, qu'au reste l'Angleterre devoit se contenter dans ce
moment-ci de ce que comportoient les circonstances actuelles,
c'est-à-dire, d'être assurée de notre neutralité pour le continent,
et que nous concourrerions d'ailleurs de bonne foi à tout ce qui
pourroit contribuer au maintien de la paix.[3]

[1] Je lui dis, que nous les regardions du même œil, que des
gens raisonnables regardent les enfants, on leur pardonne volontiers
ce qu'ils font, puisqu'ils sont utiles au reste.

De la France on ne parla presque point que de leur
militaire, qu'il méprise souverainement, disant que tout ce que
les François parloient de guerre et tactique, lui sembloit un air
appris avec des parades militaires à un Perroquet; Il le chante,
mais ne sait pas pourquoi, encore moins exécuter en pratique.

[2] Que nous voulions rester bien avec elle, mais qu'elle étoit
en décadence, que le Parlement excédoit, et que les Colonies pourroient faire son malheur, Il en convient, gronda contre le Parlement, dit, qu'il ne voudroit pas y être Roi, enfin assura que le
retour de Bute avoit fâché le Roi dans ce moment.

[3] Le 25. Lui même relèra, que les Puissances maritimes
avoient mal agi avec nous, Et j'en convins.

9ᵐ. Quels étoient nos sentimens à l'égard de la Russie?

Que la Russie seroit sans doute notre allié naturel, si nous avions des intentions ennemies contre la Porte, ou contre le Roi de Prusse,[1] mais que comme nous étions fort éloignés d'en vouloir ni à l'une ni à l'autre de ces deux Puissances, et que des liaisons intimes avec la Russie étoient incompatibles avec l'Alliance de la France, nous nous étions déterminés, la dernière guerre durant encore, à renoncer à l'illusion de pouvoir chasser deux lièvres avec succès, et par cette raison à ne point renouveler notre alliance avec la Russie, tant et aussi longtems, que le Roi de Prusse ne prendroit pas l'idée, de renouveler la sienne avec la France. Que nous n'ignorions pas cependant, que le Ministère Russe avoit voulu faire croire à plusieurs Cours et à l'Angleterre en particulier, que nous avions fait des démarches pour renouer avec sa Cour, mais que rien n'étoit plus faux, et qu'entre autres la déclaration que l'on a remise au Prince Gallizin à Vienne,[2] il y a deux mois environ, en étoit une preuve incontestable, que S. M. ne doutoit pas que la Russie ne l'eut communiqué au Roi telle qu'elle a été confiée par écrit au Prince Gallizin, et qu'en cas ce Prince y auroit vu que, quoique en très peu de mots, on s'y est expliqué aussi positivement que très unanimement sur tous les objets, qui y sont traités.

10ᵐ. Quels étoient nos sentimens sur l'accroissement de la Puissance, et de l'Influence de la Russie dans les affaires générales?

[1] Le 25. Je ne fis que louer l'Impératrice sur ses talens, et témoigner notre desir d'être bien en général avec tout le monde; Il en convint, mais tacha continuellement à me faire entrevoir la Puissance Russe joint à l'ambition de l'Impératrice comme très dangereuse, je ne me laissai point inquiéter, et dis toujours, qu'il étoit d'avant-garde. Il dit en convenir, de même que je lui dis: allons Sire, cette alliance avec la Russie vous est necessaire, en vous ayant pas, mais elle vous coute cher, et vous est souvent incommode; Cela est bien vrai, me répondit-il.

[2] je la lui citois une fois oui, je sais, cela étoit bien et clair, et il ne m'en parla davantage.

Qu'il étoit tout simple, que nous ne désirassions point,
que la Russie augmentât sa Puissance, mais qu'il nous sembloit
qu'il seroit prématuré et d'une mauvaise politique de témoigner
d'en être jaloux, et beaucoup plus encore de vouloir dès à
présent nous y opposer, attendu qu'avant que la Cour de Peters-
bourg ne puisse se trouver être notre voisin et nous devenir
redoutable, il lui falloit encore bien des progrès, et avant tout
autre celui d'avoir réduit ses deux respectables voisins le Roi
de Prusse et la Porte au point, de devoir souffrir patiemment
une augmentation considérable de sa Puissance, et qu'ainsi
nous croyons pouvoir être très tranquilles sur les projets possibles de la Russie, persuadés que nous pouvions abandonner
à ces deux puissans voisins le soin de ne manquer ni le moment,
ni les moyens de la contenir dans les bornes convenables. [1]

11º. Si nous n'avions pas été choqués et jaloux
du despotisme que la Russie exerce en Pologne?

Que le sang froid et l'indifférence, que nous avions témoigné
jusqu'ici sur les événemens de la Pologne, [2] étoient fondés sur
la persuasion dans laquelle nous croyons devoir être, que la
sagesse du Roi de Prusse et son propre intérêt ne lui permettroient pas de laisser aller les choses au delà des bornes
convenables, et qu'il sauroit obliger la Russie de façon ou
d'autre à enrayer, lorsque il en seroit tems.

12º. Quelles étoient nos idées sur la guerre
actuelle entre la Russie et la Porte, et à laquelle
de ces deux Puissances nous souhaitions de préférence l'avantage sur l'autre?

Que nous étiens d'avis que les Turcs auront le dessous
et que dans une ou deux Campagnes ils pourront se radoucir,
et donner les mains à des conditions de paix raisonnables, que
la Russie vraisemblablement après une ou deux Campagnes

[1] *Le 25. Je lui dis tout au long ce Paragraphe, dont il
parut frappé, et ne répondit rien, si non, avec le tems ni vous
ni moi, mais il faudra toute l'Europe, pour contenir ces gens là,
les Turcs ne sont rien vis-à-vis d'eux.*

[2] *encore celui-ci, et il souroit sans répondre, non, croyés-moi,
dit-il une autre fois, ne croyez pas cela une bagatelle, je vous
jure qu'on s'en repentira.*

sera egalement bien aise de mettre fin à une guerre qui lui est onéreuse, et que ce qu'il nous paroit y avoir de plus désirable c'est, qu'elle ne soit pas longue, de peur d'accidents, et surtout qu'elle finisse, sans altérer le Système actuel de l'Europe.[1]

13°. Si ce ne seroit pas un Moment de saisir pour reprendre Belgrad?

Que Belgrad même avec une Partie considérable de Pays ne payeroit pas seulement les Frais de la Guerre. Que d'ailleurs la Porte dans toutes les Guerres du Règne de l'Impératrice en avoit usé de si bonne foi avec Nous, que nous voulions le lui rendre, et ne romperions pas certainement les premiers avec Elle, quelque favorable qu'en put être l'Occasion.[2]

14°. Ce que Nous pensions du dernier Manifeste, que vient de publier la Porte contre la Pologne?

Que nous aurions désiré,[3] à la Vérité, que la Porte n'eut point fait cette Démarche, puisqu'elle peut attirer de plus grands Malheurs encore à cette pauvre Pologne avec laquelle nous avions d'anciens Traités; mais que comme toutes fois, elle ne déclarait la Guerre qu'à ceux d'entre les Polonois qui suivoient le parti de la Russie ainsi, qu'elle l'avoit déjà fait dans son premier Manifeste dont le présent n'étoit, sur ce point au moins, qu'une répétition, on ne pouvoit pas proprement l'envisager comme une déclaration de guerre faite à tout le Royaume de Pologne, et comme une Infraction des Traittés, qui subsistent

---

[1] *Sans entrer dans ces discussions, il m'assura, que le Grand-Vizir s'étoit retiré, qu'il passeroit le Danube et que les Russes auroient probablement Chozim, Bender, Oezakow et Asoff cette Campagne, que les Turcs feroient la paix seuls, sans intervention d'aucune Puissance, et que nous devrions absolument chercher la médiation, car sans cela les Russes pourroient avoir Oezakoff en cession des Turcs je lui niai la probabilité de la paix, et lui assurai, que sans une affaire générale les Turcs n'en démorderoient point.*

[2] *Il ne me parla pas des Turcs, je lui en ay parlé une fois; Il les méprise extrémement, et m'a juré n'avoir plus des liaisons avec eux, qu'à la dernière Guerre il y avoit été obligé par la nécessité, ne trouvant d'autre Ressource.*

Il n'en fut point question.

entre la République et la Porte: Qu'on ne pouvoit donc pas encore faire un procès à la Porte sur cette démarche,[1] et que d'ailleurs rien ne pressoit jusqu'ici à cet égard, attendu qu'il étoit assez peu apparent, que le Grand-Visir réussisse dans le projet qu'on Lui suppose, de vouloir tenir la grande Armée Russe en échec, pendant qu'il iroit faire en Pologne tout ce qu'il jugeroit à propos.

15°. Si nous serions bien aises de voir détrôner le Roi de Pologne et disposés à contribuer à sa Détronisation.

Que nous nous étions expliqués très cathégoriquement[2] sur cet objet dans la Déclaration, qu'en dernier Lieu on avoit remis à Vienne au Prince Galliczin, et que Nous Nous en étions expliqués sur le même pied avec la Porte.

16°. Quelle étoit notre opinion et nos intentions sur les Vues et la Conduite de la Maison de Saxe quant aux affaires de Pologne?

Que quoique cela ne parut pas vraisemblable, il n'en étoit pas moins vrai, que la Cour de Saxe[3] ne Nous avoit fait jusqu'ici aucune ouverture à cet égard, et que bien loin de lui en fournir l'occasion, Nous tâcherions très assurément de lui épargner le désagrément d'un refus de Coopération à ses Vues sur ce sujet.

17. Quels étoient à notre avis les Moyens les plus efficaces, pour faire terminer le plus promptement possible la Guerre actuelle en Pologne.

Qu'un acte de déclaration[4] solemnelle, par lequel la Russie s'expliqueroit d'une façon satisfaisante pour toute la nation

---

[1] *Je lui dis cela, il s'en moque, et croit les Turcs déjà prêts à repasser le Danube.*

[2] *Je lui touchay en gros ces Idées, il me dit que le Prince Albert estoit actuellement mieux, que s'il estoit Roy.*

[3] *On n'en parla pas généralement hors l'Electrice, dont il dit qu'il raffole. Il méprise beaucoup cette famille.*

[4] *Le 25. Je les lui dis touts, comme ils sont icy, mais il crut, que la Russie ne le feroit point et que d'offrir et faire exiger par les Turcs que nous soyons Médiateurs, étoit l'unique*

Polonoise au sujet de la dernière Diette et sur tout à l'égard de sa Garantie et des Dissidens et que produiroit le Roi même compris, une Confédération générale qui demanderoit indistinctement l'évacuation absolue du territoire de la Pologne à toutes Trouppes étrangères, Russes, Turques ou autres, seroit à ce que l'on croyoit, le moyen le plus sûr et le plus court pour terminer la guerre dans ce Royaume; que l'on feroit cesser par là la cause de la guerre présente, et le germe d'une guerre à venir au moins en Pologne; qu'il s'en suivroit vraisemblablement, que la Porte et la Russie ne tarderoient plus guères non plus en ce cas à faire la paix; et qu'au pis aller, quand même la guerre devroit durer encore quelque tems entre ces deux Puissances, cela ne pouvoit pas être bien long.

18. Si nous comptions prendre part à la mediation de la Paix avenir?

Que n'ayant vu qu'avec peine la guerre s'élever entre la Russie et la Porte, non seulement nous l'avions témoigné à Constantinople, mais que nous avions même déclaré très positivement, que pour la terminer, nous étions prêts à nous charger de la Médiation, [1] supposé toutefois que nous en fussions requis par l'une et l'autre des deux parties belligérantes: mais que nous n'étions nullement cependant avides de cette Médiation, sachant fort bien, qu'on ne gagne ordinairement à pareille besogne que le désagrément de désobliger l'une ou l'autre des

moyen, je lui dis alors les raisons cy après alleguées et je finis par dire, que tous les deux Partys le devroient désirer et demander, il douta, que la Russie le fera jamais, il assura qu'elle estoit très en état de continuer la guerre, et qu'elle avoit trouvé beaucoup de crédit. Il me dit une autre fois, que pour la Pologne, pourvu qu'on ne casse pas les Loix dictées par l'Impératrice, qu'Elle se contenteroit facilement de tous les moyens, mais qu'Elle vouloit Asoff absolument.

[1] Exprimé ci-dessus, il ne m'en a plus parlé. Il m'a seulement demandé s'il osoit écrire en Russie que je lui avois parlé du désir, que nous avions, que la paix se fasse en Pologne, et avec les Turcs, je l'assurai très fort qu'il nous étoit fort indifférent tout ce qu'il écriroit en Russie, et qu'il pouvoit hardiment écrire tout ce qu'il croiroit lui convenir le plus.

deux parties, quelquefois même toutes deux et n'ignorant pas
en même tems, que, si jamais il nous convenoit de nous mêler
des affaires de la Pologne, nous ne manquerions pas des moyens
pour cet effet. Que nous étions parfaitement informés d'ailleurs
des démarches, qu'à cette fin avoient faites auprès de la Porte
le Roi, la France et l'Angleterre, et que ces trois Puissances
n'avoient certainement aucune opposition à appréhender sur ce
sujet de notre part.

19°. Quel étoit en gros le Système que s'étoit
fait l'Empereur au sujet des affaires de l'Empire.

Que l'Empereur croyoit apprécier la dignité Impériale,
la difficulté de l'exercer convenablement, et la valeur des objets
de ses devoirs et de son autorité ni plus ni moins de ce
qu'exactement cela pourra valoir; qu'il regarderoit toujours comme
une duperie, que sur un Trône électif le Prince s'embarrassât
beaucoup d'avoir un peu plus, ou moins d'autorité, le présent
dans des pareils gouvernements ne décidant de rien pour l'avenir,
qui est reglé par la Capitulation à chaque Nouvelle Election; [1]
que Sa Majesté connoissoit d'ailleurs assez bien la tournure
d'esprit, et la façon de penser de la plus part des Princes, et
Etats de l'Empire, pour ne pas ignorer, qu'ils ne lui sauront
jamais le moindre gré de tout ce que sa bonne volonté pour
le maintien de l'ordre, des loix et des Constitutions de l'Empire
pourra l'engager à entreprendre, et qu'ainsi, si ce n'étoit, parce
que l'on ne peut sans reproche s'empêcher, de remplir les devoirs de sa place quelconque, Sa Majesté, dégoûtée des désagréments qu'Elle rencontre, pour ainsi dire à chaque pas pour
le maintien des loix et du bon ordre, dont au bout du compte
la Puissance Autrichienne a certainement tout au moins un

----

[1] *Je lui ai dit le 25 à peu près tout cela, et il m'a dit
qu'il en pensoit de même, quant à ses affaires, qui lui paroissent
très ennuyantes; Il m'assura que les arrangements faits pour le
Conseil Aulique lui avoient beaucoup plus qu'au reste il laissoit
faire ses Ministres, qui souvent faisoient dans ces affaires particulièrement à Ratisbonne des démarches sans son sçu; mais que
je n'avois qu'à lui faire savoir tout ce que je désirerois là dessus
et qu'il s'y prêteroit, s'il pouvoit. Les mêmes raisonnements je
les ai tenus au Prince Henri.*

besoin moins pressant, que la plupart de ses Co-Etats. Elle
laisseroit tout aller à l'avanture. Mais que comme Elle pense,
que l'on ne doit jamais se permettre de prendre de l'humeur
dans les affaires et que l'on est obligé en honneur et en conscience
de faire au moins du mieux qu'on peut, Elle est très déterminée
à satisfaire aux engagements, qu'Elle a pris par sa Capitulation, quoi qu'il puisse en arriver, et à ne se prêter à rien de
ce qui pourroit la rendre reprochable vis-à-vis de la Posterité.

20°. Quelles étoient les Intentions de Sa Majesté
au Sujet de la Visitation de la Chambre, et des affaires de Religion?

Que Sa Majesté étoit ennuyée au possible de tous les
obstacles [1] que rencontroit la Visitation par la pédanterie, l'esprit
de Chicane et la rusticité de la plupart des subdélégués; qu'Elle
vouloit bien cependant encore supporter tous ces désagréments
s'il pouvoit en résulter quelque bien; mais que, comme les choses
alloient de mal en pire, Sa Majesté ne cacheroit pas au Roi,
qu'Elle pourroit bien enfin perdre patience, et qu'Elle seroit
bien aise moyennant cela, de s'entendre et voir amicalement
avec lui, comment on pourroit s'y prendre, pour que cela finisse
promptement et sans préjudice toutes fois aux droits de l'Empereur
et des Etats; que le Roi obligeroit Sa Majesté, s'il vouloit bien
autoriser Monsieur de Rhod d'en conférer avec le Vice-Chan-
cellier de l'Empire, et que S. M. donneroit de son côté à ce
Ministre des ordres les plus précis de se prêter à cette fin
à tout ce a qui seroit jugé possible et praticable. Que pour
ce qui étoit des affaires de Religion, [2] le mal étoit, en grande
partie au moins, en ce que les Protestans oublioient, que
l'Empereur n'étoit pas moins l'Empereur des Catholiques que
celui des Protestants, qu'il étoit sincèrement très éloigné de
vouloir faire du tort, ni aux uns, ni aux autres, qu'il venoit
de le déclarer bien positivement encore en dernier Lieu, et

[1] J'ai dit à peu près tout cela, il m'a répondu: ce seroit
pourtant une bonne chose, si cette Visitation pourroit s'arranger.

[2] Pour la Religion il me dit, qu'elle n'étoit souvent qu'un
prétexte pour d'autres vues, et que pour lui, il pourroit assurer
n'avoir jamais fait une démarche, parce qu'il est Protestant,
que la tolérance étoit son Principe.

que les Protestans très certainement eprouveroient les Effets de ses Assurances, s'ils vouloient bien être justes et raisonnables.

21°. Quelles étoient les Intentions de l'Empereur au sujet du Cérémonial des Investitures?

Que Messieurs les Electeurs ayant incontestablement les Prérogatives du Traitement Royal, S. M. sentoit Elle-même, qu'il convenoit faire de Changemens à l'ancien Cérémonial,[1] qu'Elle étoit en Conséquence très disposée à en convenir avec tout le Collége Electoral, et que Messieurs les Electeurs verroient en se concertant amiablement avec Elle sur cet Objet, qu'il se faisoit gloire à la Vérité, d'être l'Empereur d'aussi grands Princes que l'étoient Messieurs les Electeurs; mais qu'il ne la faisoit nullement consister dans un Cérémonial, que Lui même ne regardoit plus comme analogue à Leur Rang et à leurs circonstances actuelles.

22°. Quelles étoient les Vues et les Intentions de l'Empereur au Sujet de la Succession à venir à la Maison Electorale de Bavière?

Que cet Evénement étoit encore aussi incertain qu'éloigné, l'Electeur, si l'Electrice venoit à manquer pouvant avoir des Enfans d'un second Mariage;[2] et que si toutes fois il arrivoit que le cas de l'extinction de la Maison Electorale vint à exister, S. M. étoit déterminée d'avance, à se conformer aux Loix et à l'Equité à cet égard, et à se concerter avant tout avec le Collége Electoral sur les Mesures qu'il jugera être les plus convenables; Qu'il ne pouvoit point y avoir de doute sur la Reversion des Possessions Bavaroises qui sont fiefs de la Bohême, que le reste dépendoit du temps et des circonstances et que S. M. n'ignoroit pas d'ailleurs tous les mouvemens, que se donnait dès à présent la Maison Palatine.

23°. Quel parti comptoit prendre S. M. si jamais la Succession d'Anspac et de Bareuth venoit à échoir à la Maison Electorale de Brandebourg?

---

[1] *Il déclina cette Matière, quoique je la Lui touchai.*

[2] *Il ne m'en dit pas un mot, quoique par exprès je lui parlai des mauvais Arrangemens Bavarois, et je ne voulus pas le premier en commencer le Discours.*

Que S. M. n'imaginoit pas, que le Roi put avoir l'Idée de vouloir réunir ces deux Etats à son Electorat, puisqu'il avoit trop de Lumières pour ne pas sentir, combien il Lui importoit d'assurer par plusieurs branches la succession dans sa Maison, ou pour vouloir y semer la Discorde, funeste tôt ou tard aux Maisons Souveraines, en renversant les anciens Pactes de famille, confirmés par les Empereurs et l'Empire; et qu'en tout cas S. M. croiroit manquer aux Devoirs d'une bonne et sincère Amitié si Elle ne le déconseilloit.[1]

24º. Si la Cour de Vienne avoit déjà pensé au Cas possible de l'Extinction de la Maison Electorale de Brandebourg, et quelles étoient en ce cas ses Vues et ses Intentions?

Que feu le Ministre Palatin de Wachtendonck nous avoit à la vérité fait insinuer ainsi qu'à la France et à d'autres Cours, que le Roi travailloit effectivement à une Pragmatique pour la succession à venir dans la maison, et qu'il avoit tâché de nous engager à entrer dans un concert sur cet objet, avec la maison Palatine et d'autres Cours; mais que nous avions jugé à propos, de ne faire aucune attention à cette insinuation, envisageant comme d'une très petite et très mauvaise politique le soin de s'occuper prématurement d'objets invraisemblables, et que nous croyons devoir regarder comme telle l'insinuation en question tant et aussi longtems, que le Roi lui-même ne nous feroit aucune ouverture à cet égard.

25º. Si S. M. se sentoit de la disposition, ou un éloignement absolu pour une intelligence plus étroite avec le Roi de Prusse?

---

[1] Il ne m'en dit pas le mot, et je ne lui en parlai pas non plus, mais au Prince Henry, je lui en parlai; il me dit sentir la Perte et l'Injustice qui lui arrive, mais qu'on l'ait forcé à résigner et à se démettre de tous droits, que les Pactes de famille antiques lui donneroient, qu'il étoit entre les mains du Roi, mais que de son aveu il espéroit toute chose.

[2] Il ne m'en a parlé, la Princesse Ferdinand est grosse, et le Prince de Prusse vient de se remarier, qui aura probablement des enfans, ainsi cela n'étoit point de saison.

Que nous étions d'avis qu'il n'étoit pas plus impossible
d'établir des liaisons et une bonne et sincère amitié entre le
Roi et la Cour de Vienne, [1] qu'il ne l'avoit été d'allier la maison
d'Autriche à la France qu'il ne falloit pour cela qu'une confiance
réciproque, mais entière, de l'équité, se dépouiller de préven-
tions et de passions, calculer en homme d'état, et surtout
avoir grand soin dans tout ce que l'on dit, fait et propose, bien
loin de tout rapporter à soi, de se mettre toujours à la place
de celui, auquel on a à faire, que c'est la pratique de ces
principes et de cette méthode, qui soutient depuis 12 ans notre
alliance avec la France, et que nous étions très convaincus de
la possibilité ainsi que de l'utilité d'une bonne et sincère intelligence entre les maisons d'Autriche et de Brandenbourg,
qu'elle le mettroit sans doute dans le cas de n'avoir non seulement rien à appréhender de personne, mais de devenir même

---

[1] Il commença le premier à en parler, et même après que
j'eus fait sentir que cela demandoit plus mûre réflexion, non,
dit-il, commençons dès aujourd'hui, il conçut l'avantage mutuel,
et je lui dis, que la neutralité une fois signée par lettres entre
nous mettroit la planche à tout ce que respectivement l'on voudroit
arranger par la suite. Je lui dis entre autres, que je regardois
la Silésie pour lui, comme la Lorraine et l'Alsace pour la France
d'une nécessité absolue et point d'amitié entre nous possible sans
la possession que nous l'avions entièrement oublié, et que les avantages mutuels, que sans coup férir nous pourrions nous procurer,
étoient plus considérables, que pour nous seroit la Silésie, et pour
lui un morceau de Bohème; il en convint, mais foiblement quoique
j'y mis toute la chaleur possible; il me répondit, qu'il lui seroit
impossible d'être mon ennemi, il me combla de politesses, mais
pour cela il n'y a pas plus de compte à y faire; il me dit qu'il
étoit pourtant difficile d'avoir d'abord de la confiance dans un
ennemi réconcilié; mais qu'avec le tems le systême patriotique
allemand, comme il l'appelle pourroit le faire. Je lui fis voir
l'utilité et tout ce que le nom seul de liaison entre nous feroit
d'effet, que c'étoit couper l'Europe en deux et tirer un cordon
de l'Adriatique jusqu'à la mer Baltique pour maintenir la tranquillité, que nous pourrions diminuer nos armées, et soulager nos
peuples, non, dit-il le premier, je ne vous le conseille pas, car on
ne peut jamais répondre des évènemens.

les arbitres de la guerre et de la paix, sans compter tout ce que pourroit y gagner leur considération mutuelle, et les avantages réciproques que les deux maisons pourroient se procurer, sans que l'une des deux put être blessée des avantages de l'autre, moyennant l'équilibre et la proportion de Puissance qu'il seroit aisé de maintenir entre elles.

Que pareil projet étoit sans doute dans le cas de paroître une chimère à des génies communs; mais que le Roi n'étant pas, et la Cour de Vienne croyant pouvoir se flatter de ne pas être non plus dans ce cas, rien ne seroit moins dans la Cathégorie des impossibilités, que des arrangemens de cette nature. Que le Roi pouvoit compter sur la sincérité de ce propos et que si jamais conformément aux principes établis ci-dessus s'entend, il lui paroissoit convenable à ses intérêts, et à ses circonstances de s'expliquer plus particulièrement sur le plan et les objets d'un pareil arrangement, il verroit par les effets que, sans jamais le compromettre, on y répondroit avec la plus grande franchise et cordialité.

Dans toutes ces conversations et autres encore le Roy me témoigna la plus grande amitié et sincérité; En fait du militaire, Il parla de la guerre passée de toute sorte de façon louant et blamant; Il me permit de le questionner impertinemment sur toute chose, et les réponses furent toujours très nues, sans embarras, beaucoup de complimens mais dont je n'ai pas pû me persuader de la sincérité, enfin parlant du métier, et des arrangements internes des Etats avec tout le détail et l'esprit possible. Il me donna vraisemblablement de très bons conseils, et se prit à tache de m'instruire en toutes ces parties. Je vis qu'il me parloit vrai, par ci, par là, il y mela de l'érudition dont il fait parade.

IX.

Au Roi de Prusse.

Monsieur mon Frère. Votre Majesté a rempli à mon égard les doux devoirs de l'hospitalité d'une façon si obligeante pour moi, et je suis si satisfait de tout ce que j'ai vu en Elle

et chez Elle, que je ne puis pas m'empêcher de Lui répéter
par écrit, combien j'ai été sensible à (ses marques d'Amitié et
de confiance), et satisfait d'avoir pu faire en Elle la connaissance personnelle de quelqu'un, qui dément bien complètement
le proverbe, quoique très ancien, que les grands objets perdent
à être vus de trop près. Les sentimens (si justes, humains et
clairvoyants) que Votre Majesté a bien voulu me témoigner au
sujet des affaires générales, m'ont causé bien de la joie, parce
que j'y retrouve la plus parfaite conformité à ceux (qu'en matière d'Etat mon Auguste Mère et moi avons). Je ne vois donc
plus rien (étant réconciliés si sincèrement) qui puisse raison-
nablement nous empêcher d'établir et de pratiquer dorénavant
entre nous autant de confiance et de bonne et franche Amitié,
qu'à mon grand regret, j'y ai vu régner jusqu'ici de méfiance.
Ces odieux sentimens seront, j'espere, désormais à jamais sans
objet entre Nous. [¹Pour faire donc encore plus sûrement durer
la Tranquillité générale: Je Lui promets ici au Nom de Sa
Majesté l'Impératrice, et au mien, foi de Roi et parole d'honnête
homme, que si même jamais le feu de la guerre se rallume
entre l'Angleterre et les maisons de Bourbon, que nous main-

---

¹ Der Entwurf des Fürsten Kaunitz lautet: Nous sommes bien décidés à
vouloir vivre ensemble à l'avenir en bons et honnêtes voisins et Amis, et
Nous désirons également le maintien de la tranquillité générale et particulièrement celle d'Allemagne. Il n'est donc plus question ni de vues
différentes, ni d'oppositions d'intérêts, la paix entre Nous, quoiqu'il puisse
arriver sur la scène politique, et la promesse d'observer une exacte Neutralité en cas de guerre entre d'autres Puissances, seront, sans doute, un
moyen très propre à faire durer la tranquillité générale. Promettons-nous
donc, foi et parole de Rois: Que, quand même, le feu de la guerre, se
rallumeroit jamais entre l'Angleterre et la Maison de Bourbon, nous main-
tiendrons fidèlement la paix heureusement rétablie entre nous, et que nous
observerons même la plus exacte Neutralité en cas de guerres, qui pourroient survenir entre d'autres Puissances de l'Europe. Quant à moi, au
nom de l'Impér. et au mien, Je le promets à V. M. foi et parole de Rois,
et je n'attends qu'une promesse, dans les mêmes termes de la part de
V. M. pour regarder cet engagement arrêté et pris entre Nous comme le
Traité le plus solennel. Je serai charmé que cet arrangement puisse être
entre autres un des heureux effets de notre Entrevue, mais je prie cependant
V. M. d'être bien persuadé qu'il en est un, que je mettrai toujours
fort au-dessus de tous les autres, et que ce sont les sentimens de la
haute estime et sincère amitié, qu'Elle m'a inspirés et avec lesquels je ne
cesserai jamais d'être. . . . .

tiendrons fidèlement la paix heureusement rétablie entre nous,
et même qu'en cas qu'une autre guerre survienne, dont actuellement il est impossible de prévoir la cause, que nous observerons la plus exacte neutralité pour Ses Possessions actuelles,
comme Elle a voulu bien me le promettre pour les nôtres. Je
suis enchanté que cet arrangement est entre autres un des heureux effets de notre entrevue, et s'il pouvoit ouvrir un vaste
champ à des Liaisons si avantageuses à tous deux, de même,
qu'à nos peuples, et, j'ose dire, à toute l'humanité; Lui dirai-je
l'effet, qu'elle a fait dans mon ame? non, car la verité bien
pure paroitroit à Sa modestie une flatterie. Je me borne donc
à prier Votre Majesté de croire que les sentimens de la haute
estime et sincère amitié, qu'Elle m'a inspirés, ne cesseront jamais
et que je serai toujours|,

Monsieur mon Frère de Votre Majesté,

Le bon et fidele Frère
Joseph m. p.

Neisse, ce 28 Août 1769.

X.

Jugement du F. M. Comte de Lacy sur les Trouppes Prus-siennes du Campement de Neisse du mois d'Août 1769.

On a pu voir par la première apparition et formation des
Trouppes Prussiennes du premier jour et ensuite par les manœuvres des deux jours suivans, que ces Trouppes n'ont pas
encore pu se remettre des pertes qu'elles ont faites par la dernière guerre.

Cependant quoique son Infanterie ne soit pas l'Elite de
son armée, elle est cependant encore composée de gens de
moyenne taille en général, et à l'égard de la Cavalerie, on
peut dire, qu'elle est bien montée, bien bridée, et qu'elle ma-
nœuvre avec beaucoup de vivacité et assés de précision. Il
n'y a que les Hussards, qui soyent très mal montés.

A l'égard des manœuvres que le Roi a fait en présence
de S. M. Imp^le, il n'y a rien eu, ni dans leur nature, ni dans
leur art de surprenant, ni de nouveau pour un militaire, ni qui

puisse être regardé, ou qui mérite d'être regardé comme une chose sortie de main de Maître, et leur exécution n'a pas mieux répondu à notre attente.

De sorte, que s'il y a des choses, que les Prussiens fassent mieux que nous, nous pouvons dire d'un autre côté, que nous en avons aussi, que nous faisons aussi bien qu'eux, et que si nous ne les surpassons en général, nous pouvons dire sans présomption, que nous les égalons tout au moins.

XI.

Très humbles observations sur les pièces ci-jointes sous A. B. C. D. E. F. et G.

(Dicté par Son Altesse.)   A Austerlitz, le 8 Septembre 1769.

Ad *A.* La période qui commence par les paroles: c'est un génie, et qui finit par le mot: avantage, est très remarquable par rapport au jugement de l'Empereur sur le caractère et les intentions du Roi de Prusse, que Sa Majesté paroit avoir très bien jugé.

Au reste, les observations dont pourront être susceptibles les pièces alléguées dans cette lettre *A*, on aura l'honneur de les faire successivement sur chacune d'elles en particulier, et moyennant cela il n'y a plus rien à dire sur cette première pièce.

Ad litt: *B, C, D, E.* : 1°. Les propos de Sa M^{té} Prussienne sur son général Zitten, le maréchal Braun, le maréchal Lacy et Laudon prouvent par la jalousie de métier qui y perce, que même les grands hommes ne sont pas toujours exempts de petites foiblesses.

2°. Il est fort à désirer que le Roi nous croit en état de pouvoir faire la guerre, s'il le faut, d'un moment à l'autre; et moyennant cela la confidence que l'Empereur lui a faite que nous étions actuellement dans ce cas, ne peut faire que du bien.

3°. Celle par laquelle ce prince a réciproqué: sur ce qu'il auroit eu la plus belle occasion de faire la guerre à cette heure, n'est guères croyable, et seroit en tout cas, tout au plus, un acte d'injustice de moins, mais nullement une preuve d'humanité.

4°. Le Roi de Prusse craint sans doute beaucoup moins les Russes qu'il ne veut les faire craindre, mais ce qu'il craint beaucoup, c'est que tôt ou tard la cour de Vienne ne se raccommode avec eux, et ne les lui enlève. Il lui importe donc infiniment, que la cour de Vienne puisse être engagée à des démarches capables de fomenter, d'augmenter et de rendre éternelle, s'il étoit possible, la dissolution des liens, qui jadis l'unissoient à la Russie. Il espère l'entrainer dans quelque démarche de cette espèce, en l'allarmant sur la puissance et les projets de la Russie, et c'est là à ce qu'il semble, la véritable raison de tous les propos qu'il a tenus au sujet des Russes.

5°. Les propos du Roi sur la Suède peuvent être destinés à endormir le spectateur politique sur le sort de cette puissance, et il n'est mécontent des Anglois, que parce qu'ils sont trop pacifiques et trop peu disposés à se prêter à tout ce qui pourroit brouiller d'avantage les cartes.

6°. Laisser au Roi de Prusse la liberté d'écrire en Russie tout ce qu'il voudra, étoit sans doute le meilleur parti qu'on pouvoit prendre, attendu que tout autre n'auroit servi de rien.

7°. Des événements du 27 le plus important est celui de la lettre par le Roi écrite à l'Empereur et de la réponse que Sa Majesté y a faite. L'Empereur par sa minute proposoit au Roi deux choses, l'une, de se promettre de maintenir fidèlement la paix heureusement rétablie entre Nous et lui, quand même le feu de la guerre se rallumeroit jamais entre l'Angleterre et la maison de Bourbon, sans toutes fois s'engager NB. à devoir rester neutres en ce cas; et l'autre, d'observer, la plus exacte neutralité en cas de guerres qui pourroient survenir entre d'autres puissances de l'Europe.

Au lieu de ce double engagement le Roi de Prusse n'en prend qu'un, à savoir le premier des deux dans tous les cas. La phrase de vouloir observer la plus exacte neutralité pour les possessions réciproques est tout à fait impropre, le terme de neutralité ne pouvant jamais être employé entre deux puissances, que lorsqu'il est question de la querelle d'une troisième, et il est de même très impropre, en parlant du cas d'une autre guerre qui survienne, d'ajouter: dont actuellement il est impossible de prévoir la cause; attendu que dans le cas d'une guerre, c'est du fait, et non de la cause dont il peut être question. La seconde phrase donc qui com-

mence à verbis: Et même qu'en cas qu'une autre
guerre etc. est donc ou tout à fait inutile, ou selon cette tournure il auroit été plus court et auroit mieux valu s'y tenir
purement et simplement, en omettant la seule parole: autre,
puisqu'elle auroit plus dit toute seule, que ne disent actuellement
les deux phrases ensemble, et qu'elle auroit été même, dans
les bornes étroites de cet engagement s'entend, préférable à
tous égards, parce que moyennant cela on auroit pu se dispenser
de nommer ni l'Angleterre ni la maison de Bourbon.

8°. Il est à observer encore qu'il est dit à l'Art. du Journal le 27 à midi, que le Roi avoit déclaré, qu'il n'avoit
aucune difficulté à garantir la neutralité dans toutes
les guerres avenir en Allemagne, que dans sa lettre en
échange il n'en est point question et qu'ainsi s'il arrivoit par
exemple, qu'en cas de guerre entre l'Angleterre et la France,
la France s'avisât de vouloir venir faire la guerre dans le pays
d'Hannovre, non seulement ni lui ni nous, nous ne serions pas
en droit de nous y opposer, mais nous resterions même les
maîtres de donner des secours à la France, sans que pour cela
il fut en droit de nous attaquer, et que vice versa si par
exemple la Russie s'avisoit de venir faire la guerre en Allemagne
aux possessions danoises et de s'en emparer, non seulement
nous ne serions pas en droit de nous y opposer ni lui ni nous,
mais que lui Roi de Prusse pourroit même, s'il le vouloit, donner pour cet effet des secours à la Russie. En un mot l'engagement contracté par les deux lettres n'est au fond qu'une
simple confirmation de l'obligation que portent les traités, et il
s'ensuit, que, comme on n'a pas pu obtenir du Roi, qu'il con-
sente à contracter ni l'engagement de rester neutre en cas de
guerre inter alios, ni de garantir la tranquillité de l'Allemagne,
ces deux lettres effectivement ne changent rien à l'état où
étoint les choses avant qu'elles ne fussent écrites; que moyennant cela on peut les regarder comme non avenues, et que dans
ce sens, il n'y a pas de mal que l'Empereur ait consenti au
changement que le Roi lui a proposé, au lieu d'insister, en
conséquence de sa repartie, que même toute la lettre pourroit rester dehors, à en abandonner l'idée, la promesse qu'elle
contiendroit, ne devant dire que ce que aussi bien disent les
traités qui subsistent entre les deux cours.

9°. L'anecdote du mécontentement du prince Henry et de sa bonne intelligence avec son neveu peut faire bien augurer de la succession avenir des margraviats, qui selon le cours ordinaire de la vie humaine ne peut guères aussi bien échoir à la maison de Brandebourg pendant la vie du Roi.

Ad lit. F. Comme le maréchal de Lacy n'est point capable de flatter, il est aussi satisfaisant pour Leurs Majestés Impériales, qu'il est glorieux pour lui, de lui voir affirmer, que si nous ne surpassons pas les Prussiens en général, nous pouvons dire sans présomption, que nous les égalons tout au moins.

Ad lit. G. Nr. 5. Le Roi ayant dit, qu'il avoit longtems sur le coeur le désir de la neutralité, mais que différentes circonstances l'en avoient empêché, qu'il n'avoit aucun engagement avec l'Angleterre qui le gênat, ni même avec la Russie, qu'ainsi il croiroit cette déclaration mutuelle excellente, il topa tout de suite dans le projet des lettres à écrire: il est clair que n'ayant ce non obstant fait difficulté ensuite, de se prêter à l'engagement de neutralité que l'Empereur lui avoit proposé, il n'a pas accusé juste.

Ad Nr. 9. La réponse embarrassée que le Roi a faite sur la déclaration qui a été remise au prince Gallitzin, et que Sa Majesté l'Empereur lui a citée une fois, prouve, autant que le silence qu'il a gardé jusqu'ici à cet égard, qu'elle a fait sur lui toute l'impression que Leurs Majestés Impériales vouloient qu'elle fit, c'est à dire, de lui fermer la bouche une fois pour toutes sur les objets dont il y est question, et de le contenir sur les affaires de la Pologne.

Ad Nr. 17. Les propos du Roi sur la nécessité de faire exiger par les Turcs que nous soyons médiateurs, ne sont qu'une leurre, ou ils sont ridicules, car il est contradictoire de supposer les Russes en état et en volonté de dicter la loi, et vis-à-vis de cela la possibilité d'une médiation.

Ad Nr. 21. Il est mal aisé de deviner la raison qui peut l'avoir engagé à décliner cette matière.

Ad Nr. 25. Il seroit à désirer que Sa Majesté eut pû pénétrer, quelle pouvoit avoir été l'idée du Roi et l'espèce d'arrangement qu'il vouloit lui proposer, lorsqu'il lui a dit: Non, commençons dès aujourd'hui, cela auroit peut-être répandu beaucoup de jour sur ses véritables intentions présentes et avenir, et il n'est pas étonnant d'ailleurs, que le Roi n'ait répondu que faiblement sur le propos que Sa Majesté l'Empereur lui a lâché au sujet de la Silésie, parce que sans doute il aura pensé que Sa Majesté ne lui parloit pas sérieusement dans ce moment là. On voit au reste par tout le détail que donne Sa Majesté de ses différentes conversations avec le Roi, qu'Elle n'a mis tous ses propos qu'à leur juste valeur, et que moyennant cela son entrevue avec ce prince ne peut lui avoir fait que des impressions désirables, et qui pourront lui être utiles par la suite.

XII.

Rescripto an Herrn General Nugent.
(1766—1769.)

Wien, den 22. April 1766.

P. P.

Der gegenwärtigen sicheren und kein aufsehen verursachenden Gelegenheit habe ich schon seit einiger Zeit mit Verlangen entgegen gesehen, um den wichtigen Inhalt Euer Hochwohlgebohren schätzbarsten Schreibens vom 8. vorigen Monats Februarii vollständiger als mittelst meiner Zuschrift vom 8. Martii geschehen ist, zu beantworten, und die dienlich scheinenden Erläuterungen hinzuzufügen. Ich seze also die vertraute Nachricht, so allein zu Euer Hochwohlgebohren geheimen Wissenschaft zu dienen hat, voraus, dass bald nach dem Schluss des leztern Friedens das damalige Englische Ministerium sein eifriges Verlangen, unsern Hof von Frankreich ab- und wieder in seine Verbindung einzuziehen, durch verschiedene theils unmittel-, theils mittelbare Wege zu erkennen gegeben habe. Diese Bearbeitung hatte die doppelte bewegursach zum Grund, dass der König in Engeland, sein Favorit Mylord Bute und das damalige Ministerium Sich von der Nuzbarkeit unserer Allianz und deren Vorzug für der Preussischen gänzlich überzeugt befanden, und zugleich über den unfreundlichen Betrag des Königs in Preussen äusserst aufgebracht waren. Indeme dieser kein Bedenken truge, Sich in die Englische Domestica einzumischen, und für die Gegenparthey, wovon Mr. Pitt das Haupt ware, öffentlich an Laden zu legen.

Als das damalige Englische Ministerium eingesezet wurde, ware zwar anfänglichen eine andere Gesinnung von ihm zu vermuthen, weilen es aus vorhinigen Anhängern des Mr. Pitt bestehet, und dieser bey allen Gelegenheiten zu erkennen giebet, dass er die alte Abneigung gegen unsern Hof, und die besondere Vorliebe für den König in Preussen annoch im Herzen führe. Gleichwohlen hat das jezige Ministerium Sich mehrmalen auf eine Art geäussert, dass es zwar den guten Grund unseres dermaligen Staatssystematis einsehe, jedoch eine engere Einverständniss mit unserm Hof, und wo nicht eine gemeinschaftliche Verbindung zwischen unserm, dem Preussischen und Russischen, jedoch wenigstens die Beibehaltung des Friedens zwischen uns und Preussen bey einem entstehenden Krieg zwischen Engeland und dem Haus Bourbon, vorzüglich wünsche.

Zugleich hat es sich mehr als von dem vorhinigen Ministerio geschehen, dem besagten König genähert, dessen in letztern Krieg geschehene natural Lieferungen baar bezahlet, die wechselweise Beschickung mit Bevollmächtigten Ministern veranlasset, und wie aus den öfftern abschickungen der Expressen mit aller Wahrscheinlichkeit zu urtheilen ist, eine geheime unterhandlung durch den Canal des Hrn Erbprinzen von Braunschweig gepflogen.

Der Gegenstand dieser geheimen Unterhandlung ist sonder Zweifel von Wichtigkeit und scheinet dahin abzuzielen, dass Engeland eine Ligue in Norden zu Stand bringen, sich deren bey entstehenden Krieg mit dem Haus Bourbon nüzlich bedienen, oder allenfalls die Verminderung eines Land-Krieges sicher stellen möchte.

Da jedoch das meiste auf die Gesinnung des Englischen Ministerii ankommen will, dieses aber so vielen Veränderungen unterworfen ist, und die Vermuthung, dass Mr. Pitt wieder an das Staats-Ruder gelangen werde, sich bald genähert, bald entfernet hat, so ware auch aus dem bisherigen Benehmen des Königs in Preussen nicht undeutlich wahrzunehmen, dass Er seinen Betrag nach den Englischen umständen, und nach dem Grad der hofnung ob sein Freund Mr. Pitt sich wieder in die höhe schwingen würde, abwechselnd ausgemessen, jedoch bis hiehin noch freye Hände behalten, um sich mehr oder weniger in die Englische Verbindung und Absichten zu verwickeln.

Ob nun zwar nicht wohl gezweiflet werden kan, dass sein Politisches Haupt-Augenmerk beständig gegen unseren Hof gerichtet seye, und er keine vortheilhafte Gelegenheit aus handen lassen würde, dem Durchlauchtigsten Erzhauss einen abermaligen empfindlichen Streich zu versetzen, so ist doch zugleich die Vermuthung nicht unwahrscheinlich, dass sein kriegerischer Geist Sich bereits durch die Jahre und geschwächte Leibes-Kräfften merklich vermindert habe, und Er in so lang nicht leicht wieder zu den Waffen greifen dörffte, als er unseren hof in guter Verfassung und auf keiner anderen Seite in grosser Verlegenheit versezet siehet.

Werden nun die kürzlich erwehnte umstände vereinbart erwogen, so lasset sich aus wahrscheinlichen vermuthungen die Folge ziehen, was für Ursachen und Absichten den ernannten König vermöget haben, die unterm 8 Februarii einberichtete Aeusserung durch den Hrn. Generalen Hord an Euer Hochwohlgeborn gelangen zu lassen. Sie sind nämlichen zu einer Zeit erfolget, wo die geheime unterhandlungen des Hrn. Erb-Prinzen v. Braunschweig schon angesponnen waren und das Englische Ministerium Sich noch mit der Hofnung schmeichelte, unseren Hof von dem französchen zu trennen, und ihm ein neues Perspectiv von Vortheilen vor Augen zu stellen: Da nun dasselbe vermuthet haben dörffte, dass die Beysorge für des Königs in Preussen Unternehmungen die hauptsächlichste Hinderniss bey unserm Hof abgebe, und dieser viel ehender zur abänderung seines dermaligen systematis zu vermögen seyn würde, wenn die erwähnte Beysorge hinwegfiele, so mag wohl der erste Anwurf von Engeland geschehen seyn, dass der ernannte König uns von seiner freundschafftlichen Gesinnung zu überzeugen, und eine engere Allianz in Vorschlag zu bringen habe, womit dann auch die geschehene Ofnung des Hrn. Generalen Hord übereinzustimmen scheinet, zumahlen dieser Euer Hochwohlgebohrn bereits angekündiget hat, dass nach Ankunft des Mr. Mitschel sowohl dieser als der König näher zur Sprache kommen dürfte.

Jedoch ist auch viele wahrscheinlichkeit vorhanden, dass weilen damalen die Englische umstände noch auf einen ungewissen Ausschlag beruheten, und dahero der König Bedenken getragen haben mag, eines Theils dem Englischen Anerbiethen einer neuen Allianz schon dermalen statt zu geben, sondern theils aber Sich durch eine platte abschlägige Antwort einige Gehässigkeit zuzuziehen, Er selbsten dem Englischen Ministerio vorstellig gemacht habe, wie Er eines Theils vor unseren widrigen Absichten nicht gesichert seyn könne, und wie sehr anderen theils seine Eigene Erhaltung und Wohlfahrt erfordert, seine ganze Macht gegen unsere Benehmungen bereit zu halten, und solche durch anderweite maassnehmungen nicht zu schwächen. Wenn hingegen unser Hof eine gleiche Neigung, wie Er führte, das Haus Bourbon in die behörige Schranken zu sezen, und andurch die Englische Absichten ergiebig zu unterstützen, so seye Er allerdings geneigt, sich desfals in ein engeres Concert mit unserm Hof einzulassen, und unter mitwürkung des Englischen Ministri Hrn. Mitschel am ersten zur Sprache zu kommen; Worauf auch die Englische Begnehmung und die äusserungen des Hrn. Generalen Hord erfolget sein dörften.

Nachdem aber der König nach seiner tiefen Einsicht sich ohnmöglich mit der Hofnung schmeicheln kann, dass man unserer Seits nach einer öffteren Erfahrung den noch so schön lautenden Worten und Tractaten leichtsinniger weiss glauben beymessen, und in Ergreifung eines Staatsystematis wankelmüthigen Entschliessungen statt geben werde, so ist sich nicht wohl vorzustellen, dass Er selbsten der Vermuthung beygepflichtet haben sollte, als ob unser Hof auf die generale und privat-Aeusserungen des ernannten Herrn Generalen Hord grosse Rücksicht tragen, und sich leichter Dingen in eine solche Allianz einlassen würde, welche ihn der Englischen und Preussischen Willkühr gänzlich unterwerfen, und die äusserste Verlegenheit seyen könnte.

Es ist dahero viele wahrscheinlichkeit vorhanden, dass der ganze Antrag ein uns gelegter Fallstrick und gekünsteltes Werck seye, um sich selbsten verdienstlich, unsern Hof aber entweder bey Engeland oder bey Frankreich und vielleicht bey allen beyden verdächtig und gehässig zu machen, auch wohl gar durch unsere abschlägige Antwort den Argwohn zu erregen, als ob wir mit friedensstöhrerischen Absichten schon dermalen beschäftiget wären, und nur die Gelegenheit eines zwischen dem Haus Bourbon und Engelland entstehenden neuen Kriegs mit Verlangen erwarteten, um wegen wieder Eroberung der Schlesischen Landen einen neuen Versuch zu wagen.

Ohngeachtet aller dieser wahrscheinlichen Vermuthungen
wäre der Vorsicht gemäss, Sich in seinen Maassnehmungen nicht
zu übereilen, sondern vordersamst dem noch verborgenen Englischen und Preussischen Endzweck näher auf den Grund zu
sehen; besondres aber allen Anschein von Kriegerischen Absichten möglichst zu vermeiden, und dem Englischen Betrieb
einer Ligue im Norden keine neue Nahrung zu geben; auf
welche Betrachtungen auch meine kurze Antwort vom 8ten vorigen Monats gebauet gewesen.

Vor dermalen habe Euer Hochwohlgeboren weiters an Hand
zu geben, wie und in wie weit Sich eines Theils gegen den
Mr. Mitschel und anderen Theils gegen den König selbsten,
wenn beide hiezu Anlass geben sollten zu äussern seye.

Und zwar wären fordersamst dem ernannten Englischen
Ministre ein deutlicher unterricht von den in meinem angezo-
genen Schreiben enthaltenen Grund-Sätzen zu geben, und weiters hinzuzufügen:

1º seye unseren Versicherungen, dass auf die Wiedereroberung Schlesiens nicht einstens gedacht werde, und unser
Hof von allen Kriegerischen Absichten gänzlich entfernet wäre,
auch nichts so sehr, als die ungestöhrte Beybehaltung des allgemeinen Ruhestandes, besonders aber in dem deutschen Reich
aufrichtigst wünschete, um so chender voller glaube beyzu-
messen, da Ihro Maytten Ihre reine Gesinnungen mit den
Thaten bekräftigten, und noch niemalen ihr gegebenes Wort
verletzet, auch dermahlen ihre einzige Beeiferung dahin gerichtet hätten, ihre Finanzen und den inneren Zustand der
Erblanden durch Einführung mehrerer Industrie, der manufac-
turen, und des Commercij zu verbesseren, und hierinnen sowohl ihre glori als wesentliche Vergrösserung zu suchen, welches
aber mit kriegerischen Absichten auf keine weiss zu verein-
baren wäre.

2º müsse man gleichwohlen unserm Hof so viele Einsicht
zutrauen, dass er nicht blinderdings zu Werke gehe, sondern
die Staatsumstände zu übersehen, und zu berechnen wisse.

Nachdem aber ohne vielen Demonstrationen von selbst in
die Augen leuchte, dass weder Freunde noch Feinde uns die
Wiedereroberung Schlesiens aufrichtig gönnen, ein solches
unternehmen gleichgültig ansehen oder dazu behülflich seyn
würden, und dass die öftere Erfahrung keineswegs verstatte,

sich von der Preussischen Macht und von der Gefahr eines
neuen Krieges eine leichtsinnige Vorstellung zu machen, so
sollte auch unsere Versicherung bey jedermann besonders aber
bey Engeland allen Glauben finden, dass der König in Preussen, wenn gleich ein Krieg zwischen Engeland und dem Haus
Bourbon entstünde, nicht das mindeste von unserm Hof zu besorgen habe, sondern sich völlig ruhig halten würde, wenn nur
der ernannte König nicht wiederum die Waffen ergreiffen und
uns zu einer gerechten Nothwehr zwingen wollte.

3° Weilen man aber unserer Seits nicht in gleicher Maass
vor den preussischen absichten gesichert seyn könne, so erfordert die Selbst-Erhaltung, beständig auf seiner Hut zu seyn,
und sich so viel möglich in Gegenverfassung zu setzen. Wir
stellten also nicht in Abrede dass Wir hieran nach Beschafen-
heit der eigenen Kräften mit Eifer arbeiteten, jedoch sehnlichst
wünscheten, alle dergleichen Veranstaltungen, woraus beyder-
seits misstrauen und eine übertriebene Vorsicht, aus dieser aber
das nemliche, was man zu vermeiden suchet, entstehen könte,
gänzlich entübrigt zu seyn.

4° Nicht weniger finde man sich unserer Seits vollkommen
überzeugt, dass die Veranlassung eines neuen Kriegs in Deutschland dem wahren und wesentlichsten Englischen Staats-Interesse auf keine weiss gemäss seye, da diese Krone die unge-
heure Last der Unkosten allein tragen, und sich noch mehrers
als im letztern Krieg geschehen entkräften müsse, aber dannoch
keinen, nur einigermassen proportionirten Vortheil sich hievon
versprechen könne, und das unheil nicht die französsische, sondern
die deutsche Lande betreffen, auch das Englische Staats Interesse
schlecht damit beförderet würde, wenn unser Hof wider Willen
in das Spiel mit eingezogen, und darinnen gegen besseres Ver-
hoffen den kürzeren ziehen sollte. Wenn nun die ernannte Kron
wie sich von einer so erlauchten Nation allerdings zu versprechen ist, ihre eigene Wohlfahrt nicht misskennet, und
dahero den deutschen Krieg vermeiden wolle, so beruhe es nur
darauf, hierzu durch voreilige Tractaten und Liguen keinen
Anlass zu geben, und sich von der Preussischen Friedfertigkeit
vollkommen zu versichern, indeme wegen der unserigen kein
Zweifel obwalte, und Ihro Maytt. keineswegs entgegen seyn
würden, dessfalls alle mit der anständigkeit und Reciprocität
übereinkommende Versicherungen zu geben.

5⁰ So viel aber unsere bereits in Vorschlag gekommene
engere Verbindung mit dem König in Preussen anbetrifft,
so haben Euer Hochwohlgebohrn dem Mr. Mitschel freymüthig
und ganz deutlich zu erkennen zu geben, dass ein solches
weit aussehendes Werk nach Beschaffenheit der politischen
umständen und Preussischen Gesinnung ohnmöglich zu Stand
zu bringen seye, und zu des ernannten Englischen Ministri
eigenen billigen Beurtheilung anheimgestellet werde, ob dergleichen, nach allem deme, was man Preussischer Seits seiter
26 Jahren für einen Betrag gegen Freunden und Feinden gehalten hat, von unserem hof zu erwarten, oder ihm in freundschaftlicher Gesinnung anzurathen wäre.

6⁰ Dieser deutlichen Aeusserung ist annoch unter bezei-
gendem Vertrauen, und unter auszubedingender Geheimhaltung
hinzuzufügen: Es seye unserem Hof die ganz zuverlässige
Nachricht zugekommen, dass der König in Preussen ohnlängst,
und zwar gegen Ende des verflossenen Jahres die gehässigste Insinuationen an die Pforte gelangen lassen, um sie gegen unseren Hof misstrauisch zu machen, und wo möglich in Har-
nisch zu bringen. Ein solcher Antrag sei kaum in Kriegs-
zeiten zu rechtfertigen, und da er mitten im Frieden erfolget
wäre, so stünde ohnschwer zu ermessen, wie weit sich das
diesseitige Vertrauen auf die Preussische Aufrichtigkeit jemalen
erstrecken, und ob ohne solches eine engere Einverständniss
statt finden könne.

7⁰ Gleichwohlen beharre unser Hof bey dem besagten
Vorsaz, den Frieden mit Preussen in so lang als möglich zu
halten, und mit allen übrigen Mächten, besonders aber mit der
Kron Engeland in gutem Vernehmen zu leben, mithin bey
einem entstehenden Seekrieg eine vollkommene Neutralität zu
beobachten, übrigens aber dem bereits im Jahre 1756 mit
Frankreich errichteten blossen Defensiv-Tractat auf keine weise
zuwieder zu handlen, als womit dem englischen Interesse
wegen verschiedener ohnschwer zu ermessender Betrachtun
gen nicht einstens gedient seyn könnte. Bey welcher Gelegenheit Euer Hochwohlgebohren die wichtige Anmerkungen, so in
dem zweiten Punkt der Instruction weiters ausgeführt sind, und
dahero hier mit Stillschweigen übergangen werden, ohne Bedenken zu des Mr. Mitschel näheren Erwägung ausstellen, auch
noch hinzufügen können, dass unser Hof seiter dem letztern

frieden keinen einzigen neuen Tractat errichtet und dadurch
die überzeugendste Probe gegeben habe, wie sorgfältig er alles,
was ihm in die künftige unruhen mit einflechten, und bey anderen höfen einiges Misstrauen verursachen könnte, zu vermeiden befliessen seye.

8° Uebrigens erfordert der allerhöchste Dienst, dass Euer
Hochwohlgebohrn sich angelegen sein lassen, des Mr. Mitschel
persönliches Vertrauen zu gewinnen, ihn wegen der vorseyen-
den Unterhandlung mit Preussen, und wegen der Zeit, wenn
ein neuer Krieg zwischen Engeland und Frankreich ausbrechen
dörfte, so viel immer thunlich zur Sprache zu bringen, und
mich von allen seinen Aeusserungen, wenn sie gleich dunkel
und wiedersprechend zu sein scheinen, umständlich zu benachrichtigen, jedoch hiebey die Vorsicht zu gebrauchen, dass dere
Schreiben, so etwas wichtiges enthalten, in Ziffer gesezet, und
dannoch nicht der preussischen Post anvertrauet, sondern durch
einen expressen zu Dresden oder auf einer andern Chur Sächsischen Post Station abgegeben werden.

Sollte sich nun der Fall ergeben, dass, wie der Herr
General Hord Euer Hochwohlgeboren angekündiget hat, der
König selbsten, Sich näher eröffnete, und neue Allianz Vorschläge auf die Bahn brächte, so verstehet es sich von selbstenl
dass von allem deme, was ich in ansehung des Mr. Mitsche
an Hand gegeben habe, gegen den König kein gebrauch zu
machen, sondern sich blosserdings an die generale Versicherung zu beschränken seie, wie unser Hof ein wahres Verlangen
trage, zu Aufrechthaltung des allgemeinen Ruhestandes alles
diensame beyzutragen, und besonders mit dem König in Frieden, und gutem Einverständniss zu leben. Alles übrige haben
dieselbe ad referendum zu nehmen und ich werde sodann
pflichtschuldigst befliessen seyn, Euer Hochwohlgebohrn mit
näheren und hinlänglichen Verhaltungs-Befehlen zu versehen.

Ich empfehle mich höflichst und verharre ohnausgesezt etc.

An Herrn Generalen Nugent.

(In Ziffer.) Wien, den 28. Decembris 1768.

P. P.

Die Beantwortung Euer   beliebten Zuschrift vom 26. November habe ich um deswillen bishiehin verschoben, weilen

auf dero Anfragen wegen der bewussten entrevue nicht ehender eine zuverlässige Antwort ertheilen können. Vor dermahlen kann ich so vieles erwiedern, dass des Kaisers Maytt. sich im künftigen Jahre um die nämliche Zeit, wenn des Königs Maitt. sich nach Schlesien zu begeben pflegen, in Böhmen oder Oberschlesien einfinden werden, dass Allerhöchstdieselbe bey dem aufrichtigen Verlangen mit dem König in persönliche Bekanntschaft zu gerathen, fortan beharren und von ihme durch Euer — bald zu vernehmen wünscheten, auf was Arth eine entrevue am schicklichsten und besten eingeleitet werden könnte.

Euer — belieben solches vorläufig und mit den anständigsten Ausdruckungen des Königs Maytt. zu hinterbringen. Ich aber behalte mir bevor, wegen anderer Gegenstände mich näher gegen dieselbe zu äussern.

An Herrn Generalen Nugent.

(In Ziffer.)   Wien, den 28. Jänner 1769.

Ewer etc. beliebtes vom 14. dieses habe mit lezterer Post rechtens erhalten. Und haben Ihre k. k. Maitt. aus des Königs Aeusserungen auf dero Vortrag keinen anderen Schluss ziehen können, als dass er bey den gegenwärtigen Weltläuften und verwickleten Umständen die Zusammenkunft mit des Kaisers Maytt. bedenklich finde, und als eine Sache ansehe, so bey sicheren Höfen einen wiedrigen Eindruck verursachen, oder andere unangenehme folgen nach sich ziehen dürfte.

Nichts würde leichter seyn, als den Ungrund der geäusserten Zweiffel und Muthmassungen sonnenklar darzustellen; allein es würde einer Rechtfertigung gleichsehen. Und so lang der geäusserte Argwohn des Königs in der That vorwaltet, dürften unsere noch so wahrhafte Erleuter- und Versicherungen als finessen angesehen werden. Im fall aber unter dem angeblichen Argwohn andere Absichten verborgen liegeten, so wäre ohnedem vergeblich, sich in einige explication einzulassen. Es geschiehet also nur zu Euer privat Nachricht, dass ich derenselben nicht verhalte, dass wir aus des Königs Antwort und geäussertem Argwohn urtheilen, dass er entweder Unserer wahren Denkens Art und Staats Systemati noch keine Gerechtigkeit wiederfahren lassen wolle; mit seinen Nachrichten aus Frankreich und Constantinople nicht zum besten bedient seyn müsse — oder dass geheime Umstände und Absichten der Entrevue entgegenstehen.

Das erstere wird durch die Aeusserung des Königs bestättiget, wie Ihme nicht unbekannt seye, dass die Pforte die Absetzung des Königs in Pohlen in Absicht führe, und dass 3 neue Praetendenten zur Crone, nämlich der Printz Conti, Printz Albert und noch ein anderer Prinz von Sachsen daselbst in Vorschlag seyen. Die Pforte hat selbst ihre Absichten durch ihr Manifest der Welt eröfnet, und wir gedenken solche weder zu rechtfertigen, noch Theil daran zu nehmen. Es führet aber die supposition, als ob Unser Hof in der gleichen Chimeeren wie die Erhebung des Prinzen Conti oder des Herrn Printz Albert auf den Pohlnischen Thron wäre, in der That etwas beleidigendes mit sich, und wir sollten uns schmeichlen können, bessere Proben von der Beurtheilung der Welt-Umstände und Unsers wahren Staats Interesse wie auch billigen Gesinnung gegeben zu haben, als dass der erwehnte Argwohn den mindesten Glauben des Königs verdiente, zumahlen gleich zu Anfang der Pohlnischen Unruhen ebenfalls dergleichen Gerüchte ausgesprenget, aber das Gegentheil durch die That bewähret worden.

Von gleichem Ungrunde ist der Argwohn, als ob wir in Absicht führeten, den König mit dem Russischen Hof verfallen zu machen, und Ewer etc. haben nach der reinen Wahrheit in Antwort erwiederet, dass wir gewisslich dem König diese Allianz nicht missgönneten. Die politische Betrachtungen sind leicht zu errathen, und wenn seine Ministri die Wahrheit einberichtet haben, so kann ihm unmöglich unbekannt sein, dass unserer Seits nicht der geringste Schritt geschehen, um wieder mit Russland in einige Verbindung einzutretten.

Am allerwenigsten kann der Argwohn, als ob wir Vergrösserungs-Absichten im Schilde führeten, in so lang statt finden, als Unsere Allianz mit Frankreich fortdauert, da eines mit dem andern auf keine Weis zu vereinbahren wäre.

Die Wahrheit der zweyten folge, dass der König mit seinen Nachrichten aus Frankreich und Constantinopel nicht zum besten bedient sein müsse, ist keinem Zweiffel unterworfen, weilen er sonsten von dem graden Gegentheil dessen, so er von uns beargwohnet, ganz zuverlässig unterrichtet seyn würde; Dann obwohlen wir gegen Frankreich die Pflichten eines getreuen Alliirten beobachten, so pflegen wir doch diesem Hof nichts mehreres zu sagen, als es sich geziemet, und sind nicht gewohnet, Uns allzuviel abhängig von ihm zu machen: Dagegen wir auch nicht demselben zur Last fallen, noch etwas bedenkliches ansinnen.

Man betrüget sich also gar sehr, wenn von Uns vermuthet werden will, als ob Wir in ansehung der Pohlnischen Unruhen, des Türkenkriegs, der Corsicanischen Unternehmungen und der Röm. Strittigkeiten mit Frankreich gemeinschaftliche Sache machten, oder ein Concert gepflogen hätten.

In Ansehung unsers Betrags bey der Pforten könnten wir solche Proben von unserer reinen Gesinnung vor Augen legen, welche mehr als überzeugend seynd: Weilen aber von solchen ein wiedriger Gebrauch bey anderen Höfen gemacht werden könnte, so behalte mir bevor, selbige mit der ersten ganz sicheren Gelegenheit Ewer etc. mitzutheilen.

Unsere dritte folge, dass nämlich geheime Ursachen und Absichten der Entrevue entgegen stehen dörften, ist die ungewisseste, aber die wichtigste und verdienet unsere grösste Aufmerksamkeit. Was also Ewer etc. desfalls entdecken können, werden dieselbe mir ohngesäumt pflichtmässig einberichten, um unsere weitere Maassnehmungen hiernach einrichten zu können.

Von allen diesen Betrachtungen jedoch werden Ewer etc. aus den oben erwelnten Ursachen, nicht das mindeste erwehnen, sondern der Allerhöchste Befehl Ihro Maytten gehet dahin, dass dieselbe dem König auf eine geziemende Art, und ohne die geringste Empfindlichkeit verspühren zu lassen, folgendes alleine in Antwort hinterbringen sollen:

,Des Kaysers Maytt. hätten Ewer etc. aufgetragen, dem ,König zu sagen: dass allerhöchst dieselbe nach dessellben Ant,wort und verschiedenen Aeusserungen, auf dero letzteren Vor,trag urtheilen müsten, wie dass der König bei denen gegen,wärtigen Weltläuften, und verwickleten Umständen die Zu,sammenkunft mit des Kaysers Maytt. bedenklich finde, und ,als eine Sache ansehe, so bey sicheren Höfen einen wiedrigen ,Eindruck verursachen oder andere unangenehme folgen nach ,sich ziehen dörfte.

‚Des Kaysers Maytt. pflegen sich an die Stelle anderer zu
‚setzen, und da allerhöchst dieselbe ohnehin bey der vor-
‚geschlagenen Entrevue keine andere Absicht gehabt hätten,
‚als die erwünschte persönliche Bekanntschaft mit des Königs
‚Maytt. zu machen, und den Grundstein zu einem wahren und
‚beständigen guten Vernehmen zu legen, Ihre Absicht auch
‚gänzlich davon entfernt gewesen, zu etwas, so des Königs
‚Maytt. unangenehm fallen könnte, die mindeste Gelegenheit zu
‚geben, so giengen auch Allerhöchst dieselben in die Bedenken
‚des Königs vollkommen ein, und hielten dahero ebenfalls für
‚besser, die vorgehabte Entrevue auf ruhigere Zeiten und
‚Umstände ausgestellt zu lassen. Es wäre dann, dass der König
‚selbe noch heur selbsten in das Werk zu setzen verlangte.‘

Nachdem nun Ewer etc. sich solchergestalt auf eine ganz
natürliche und ungezwungene Art geäussert haben werden, so
werden Sie es schlechterdings dabey bewenden lassen; Es wäre
dann, dass der König auf eine freundschaftliche Art von denenselben nähere Erläuterungen über die Ursachen der diesseitigen Entschliessung verlangte, in welchem Fall und nicht anderst dieselbe von denenjenigen, welche zu dero privat Nachricht allein, in diesem Schreiben einfliessen lassen, schick-
lichen Gebrauch machen werden. Dass der König sich
bearbeite, den Frieden zwischen Russland und der Pforten
herzustellen, ist sehr lobwürdig und unserem Wunsche gemäss.
Wenn man aber die Sachen nicht anderst, als bishero geschehen,
angreift, sondern unterlässt, fordersamst in Pohlen eine Ein-
müthigkeit zu stiften, so zweifle ich gar sehr, dass der König
sobald seinen Endzweck erreichen werde.

Uebrigens ist der Umstand, dass Mr. Breteuil den bewussten anstössigen Article in die Holländische Zeitung setzen
lassen, mir ganz neu, und unbekannt, ich werde ihm aber
weiters nachforschen, zumahlen ich meine Correspondenz nach
Paris durchsuchen lassen, aber nichts gefunden habe, dass von
unserem Hof dem französchen eine vertraute Oefnung, wie der
erwähnte Zeitungs-Article ist, geschehen wäre.

An Herrn Generalen Nugent.

Den 1. März 1769.

Ewer etc. werthestes Schreiben vom 18. verflossenen
Monats ist mir richtig zugekommen, und ich habe nicht er-

mangelt, solches alsogleich zur allerhöchsten Einsicht zu be-
fördern.

(In Ziffer.)

Beyde Kays. Maytten haben die höfliche und freundschaftliche Aeusserungen ersehen, und es ergehet dahero an
Ewer etc. auf Allerhöchsten Befehl der Auftrag hiemit solches
dem König auf eine schickliche Art zu hinterbringen, auch
solchem beyzufügen, dass gleichwie Ihro Kay. Maytt. die von
Allerhöchst denenselben in Vorschlag gebrachte Entrevue nur
allein aus der Ursach auf sich beruhen lassen zu sollen ge-
glaubet hätten, weil Sie weit entfernet sind, dem König hie-
durch auch nur die geringste Verlegenheit zuziehen zu wollen,
so wären Sie nunmehro wieder um so bereitwilliger die freundschaftliche Erklärung des Königs anzunehmen, da Allerhöchst
dieselben aus solcher ersehen hätten, dass dero Antrag zu Bewirkung einer beyderseitigen persönlichen Bekanntschaft in
eben der Absicht, und in der nähmlichen Gesinnung von dem
König aufgenommen, in welcher derselbe von Ihro Kay. Maytt.
zuerst gemacht worden.

Das nähere wegen der Zeit und des Orts der Entrevue
wird sich durch beyderseitige Einverständniss von selbst ergeben und haben Ewer etc. wegen der Art der zusammenkunft dem
König nur dieses vorläufig beyzubringen, dass Ihro Kay. Maytt.
Sich vorgenommen hätten, dabey ein vollkommenes Incognito zu
beobachten, und von des Königs freundschaftlicher Gesinnung
sich versprächen, auch Seinerseits ohne allem Ceremoniel
empfangen zu verden.

Extract aus einem Schreiben an II. General Nugent vom Jänner 1769.

Es scheinet hierzu unserer Seits eine solche Handlung und
Aeusserung nöthig zu seyn, die keineswegs in einer wörtlichen
Wiederlegung des von dem König gefassten Argwohn bestehet,
auch nicht einmal eine directe Beziehung hierauf hat, sondern
aus der Natur der Sache selbst den Ungrund desselben dar-
stellet, und überhaupt so beschaffen ist, dass wir uns ohne
einen unmittelbaren Wiederspruch hierzu einmal herbeylassen
könnten, wenn wir in der That die uns zugemuthet werden
wollende Absichten hegeten.

Der beste und sicherste Weg hierzu dürfte dieser seyn, dass von Ewer etc. zu seiner Zeit, auf eine ungezwungene Art dem König die Bereitwilligkeit unseres Hofes zu gütlicher Beylegung der zwischen Russland und der Pforte entstandenen Irrungen alles Thunliche mitzuwirken, insinuirt, und zugleich diejenigen Mittel gleichsam im Vorbeygehen fallen gelassen werden, durch welche unserm Ermessen nach dieser Endzweck am leichtesten, zuverlässigsten und anständigsten zu erreichen seyn dürfte.

Zur näheren Erläuterung der ganzen Sache kommt es auf folgende zwei Fragen hauptsächlich an, ob:

1. die dermaligen Umstände und Gesinnung derjenigen Höfe, die desfalls besonders zu concurriren haben, dergestallt beschaffen seyen, dass man einen wahrscheinlichen Grund, die gütliche Beylegung der Russischen und Türkischen Irrungen anzuhoffen haben könne;

2. ob und was Mittel vorhanden seyen, diese Beylegung auf eine allerseits anständige Art zu bewerkstelligen.

Die Erörterung der ersten Frage wird zu Ewer etc. vertrauten Wissenschaft, jene der zweyten aber vorzüglich dazu dienen, um denenselben denjenigen Esprit deutlich darzustellen, nach welchen Dero schicksame Insinuationen bey dem König einzurichten seyn werden.

ad. 1. Wie alle vertraute Nachrichten bestättigen, ist die Pforte, ungeachtet ihrer sehr beträchtlichen und kostbaren Kriegsrüstungen dennoch besonders wegen der nöthigen Subsistenz ihrer zusammenbringenden starken Kriegsheere in grosser Verlegenheit. Der Grossvizier, als ein in Kriegsgeschäften ganz unerfahrener Mann, soll die Beybehaltung des Friedens sehnlichst wünschen, und zu Anhörung diesfälliger Vorschläge ganz geneygt seyn.

Russland fahret zwar mit den Kriegsanstalten gleichfalls auf das eifrigste fort, jedoch ist es ausser allem Zweifel, dass dieser Hof, so wenig er eine so gählinge Veränderung von Seite der Pforte vermuthet hat, eben so sehr die gütliche Beylegung der entstandenen Irrungen, besonders von darum wünsche, weil der Geldmangel so gross ist, dass er sich desfalls in der grössten Verlegenheit befindet.

Wie nicht nur durch die von dem hiesigen Englischen Bottschafter Mylord Stormond widerholte Abschickung nach

Constantinopel einiger Theils unmittelbar aus London, theils von Petersburg über Berlin erhaltenen Couriers, sondern auch durch andere vertraute Nachrichten und Umstände bestättiget wird, so suchet England wirklich eine gütliche Ausgleichung der zwischen Russland und der Pforte ausgebrochenen Irrungen zu bewerkstelligen.

Schweden arbeitet nach zuverlässigen Nachrichten auf die eigene Requisition von Russland auf eben diesen Endzweck.

Der König in Pohlen muss die Beybehaltung des Friedens nothwendig um so mehr wünschen, da er bey dem wirklichen Bruch, wenn das Kriegsglück in überwiegender Maasse der Pforte günstig seyn sollte, den Verlust seiner Krone, im Falle eines für Russland glücklichen Ausschlags hingegen ein noch schwereres Joch der Abhängigkeit von diesem Hofe zu besorgen haben würde.

Der Republick Pohlen selbst muss diese gütliche Beylegung ebenfalls höchst erwünschlich seyn, da solche das einzige Mittel ist, sie von dem Unglück und Elend zu befreyen, welches ihr die Wuth solcher Armeen, wie die Russischen und Türkischen sind androhet.

Der Politik des Königs von Preussen kann endlich eine gütliche Ausgleichung der Sache aus vielen wichtigen Betrachtungen nicht anders als vollkommen gemäss seyn. Wie uns dann auch bereits zuverlässige Nachrichten zugekommen sind, dass der königl. Preussische Minister Zegelin zu Constantinopel den Auftrag erhalten habe, entweder mit dem Englischen Bottschafter gemeinschaftlich, oder auch für sich allein an einem gütlichen Vergleich bey der Pforte eifrigst zu arbeiten.

Bey diesen Umständen, da die beyde mit einander zerfallene Höfe selbst zu einer gütlichen Ausgleichung der Sache geneigt, und die übrigen Mächte, welche desfalls den grössten Einfluss haben, zu Beförderung dieses Endzweckes alles beyzutragen, bereitwillig sind, lässt sich mit einem nicht unwahrscheinlichen Grunde die Bewirkung eines Vergleichs anhoffen, besonders wenn sich England und Preussen bey Russland mit Nachdruck verwenden, und diesen Hof zu billigen und anständigen propositionen zu vermögen trachten, wir hingegen zu eben dieser Absicht unsre bona officia bey der Pforte einlegen würden, als welches derselben mit einem so gedeihlichen Erfolge geschehen dürfte, da die Pforte gegen uns auf eine ganz

besonders freundschaftliche und vertrauliche Art zu Werke
gehet, wir auch uns in keiner solchen Verbindung mit Russland befinden, die einem so argwöhnischen und misstrauischen
Hofe, wie der Türkische ist, unsere Vorstellungen und Bearbeitungen verdächtig machen könnte. Alles kommet jedoch:

ad 2. darauf an, was für Mittel vorhanden, und einzu-
schlagen seyen, gedachten Endzweck zu bewerkstelligen.

Dieses scheint hauptsächlich davon abzuhangen, dass

a) der Ursprung des Uebels und die hauptsächlichsten Ursachen der ausgebrochenen Irrungen unparteiisch unter-
suchet und

b) auf eine mit der Ehre beyder zerfallener Mächte verein-
barliche, und dem wahren Interesse aller übrigen, theils
mittel-, theils unmittelbar concurrirenden Höfe gemässe
Art zu beheben gesuchet werden.

Die Ursachen, welche die Pforte zu dem gewaltsamen
Schritt bewogen haben, sind in den von ihr herausgegebenen
manifesten deutlich enthalten. Sie reduciren sich im wesentlichen hauptsächlich hierauf, dass Russland den bestehenden
Tractaten zuwieder sich in die polnischen Händel eingemischet,
alles mit offenbarer Gewalt nach seiner Willkühr geleitet, die
alte Polnische Grundverfassung geändert, und durch die an
sich gezogene garantie über die gemachten Neuerungen sich
den Weg gebahnet, für alle künftige Zeiten einen unmittelbaren
Einfluss in die Polnische Angelegenheiten zu haben, und alles
nach seinen Absichten durchzusetzen, dass es endlich die so
oft der Pforte ertheilten Versicherungen, die Truppen aus Pohlen
zu ziehen, niemal in Erfüllung gebracht habe.

Ob die Pforte alles dieses als eine Verletzung der mit
ihr und Russland bestehenden Tractaten anzusehen, und ex hoc
capite zum wirklichen Bruch gegen gedachten Hof berechtiget
sey, ist eine Frage, deren unparteyische Entscheidung allem
Ansehen nach für die Pforte ausfallen dürfte, denn obgleich der
Prutherfrieden durch den im Jahre 1739 geschlossenen Tractat
aboliret, und dieser letztere von der damals regierenden Russischen Kaiserin in dem Anno 1740 ihren Unterthanen kund-
gemachten Patent besonders von darum als sehr vortheilhaft
vorgestellet worden, weil man durch denselben die conditionen
des unglücklichen Friedens an dem Pruth, und die nachtheilige
und schimpfliche Verpflichtungen, die man dadurch eingehen

musste, aufgehoben hat, so ist doch in dem den Pruther Friedens Tractaten vom 24. Julii 1711 zu Constantinopel den 16.
April 1712 unter Englischer und Holländischer Mediation sub-
stituirten Friedens Instrument gleich articulo 1 ausdrücklich
vorgesehen, dass hiefüro keine Moskovitische Völker unter was
für Vorwand es wolle, in dem Königreich Pohlen bleiben, auch
der Czaar auf keinerley Weise mehr in die Pohlnischen Staats-
sachen sich mischen solle.

Wenn man auch gleich Russischerseits einwenden dürfte,
dass gedachtes Friedens-Instrument als ein substitutum des
Pruther Friedens durch jenen vom Jahre 1739 gleichfalls aufgehoben worden, so ist doch ein späterer Friedenstractat, nämlich jener vorhanden, der den 5. Juli 1713 zu Adrianopel geschlossen worden, in welchem die nämliche Vorsehung wegen
der Russischen Nicht-Einmischung in die Pohlnische Angelegenheit, so wie sie in vorangeführtem Friedensartikel von 1712
enthalten ist, wiederholet und von neuem stipuliret wird.

Um nun auf die Mittel zu kommen, durch welche in vor-
erwähnter Art und Maasse die zwischen Russland und der Pforte
entstandene Irrungen gütlich beyzulegen seyn dürften, so scheinen sie vorzüglich darinnen zu bestehen, dass:

1. der Russische Hof von seinen bisherigen Bearbeitungen
in Absicht auf die Dissidenten entweder gänzlich abstehe, und
alles in dem vorigen alten Stande belasse, oder wenigstens ihre
gänzliche parität mit den Römisch-Catholischen nicht weiter
verlange, sondern höchstens auf ein freyes ungehindertes exer-
citium religionis zu Gunsten derenselben antrage.

2. dass er auf den übrigen gegen die alte Verfassung ein-
geführten Neuerungen nicht mehr bestehe, sondern desfalls
alles auf den vorhinigen Fuss zurückzusetzen gestatte.

3. dass er die übernommene Garantie entweder gänzlich
aufhebe, oder dass allenfalls von demselben und einigen anderen Höfen z. B. dem unsrigen, Englischen und Preussischen
gedachte Garantie zugleich mit übernommen werde, endlich

4. dass er alle Truppen ohne Ausnahme aus Pohlen zu
ziehen verspreche, und diese Zusage wircklich und zur bestimm-
ten Zeit genau bewerkstellige.

Auf diese Art würde die Pforte mit Ehren von dem
gemachten gewaltsamen Schritt zurückkehren können.

Russland wäre im Stand gesezt, einem ebenso wenig vermutheten, als mit seiner Finanz- und sonstigen innerlichen Verfassung vereinbarlichen Kriege mit Ehren auszuweichen.

Die politischen Absichten aller übrigen theils mittel- theils unmittelbar dabey interessirten Mächte wären zugleich in vollkommener Maasse erreichet.

Die Pforte, denn da sie gegen Russland keine andere Haupt-Beschwerden hat, als jene, so die Pohlnischen Angele- genheiten betreffen, diese aber auf die vorerwähnte Art gänz- lich behoben werden, so erhält gedachter Hof mittels einer gütlichen Ausgleichung den Endzweck vollkommen, dessen Erreichung er in dem entgegengesetzten Falle dem ungewissen Erfolg eines ihm gleichsam abgezwungenen Krieges ausgesetzt sehen müsste.

Russland, indem es sich zur Erfüllung vorerwehnter 4 Bedingnisse, ohne seiner Ehre zu nahe zu tretten, gar wol herbeylassen kann.

Zur ersten, weil gedachter Hof, wenn den nicht unirten und Dissidenten eine freie ungehinderte Religions-Uebung be- stättiget und versichert werden sollte, wenigstens denjenigen Endzweck erreichet zu haben, mit vollem Grunde behaupten könnte, den er in öffentlichen Schriften als seine Haupt-Absicht der Welt vorgeleget hat, nämlich die Befreyung seiner Glau- bensgenossen von dem bisher erlittenen vorgeblich gesetz- widrigen Religionszwang.

Zur zweiten, weil mehrgedachtem Hofe an der Bey- oder nicht Beyhaltung der meisten übrigen Neuerungen, wenn einmahl sein geheimer Haupt-Endzweck hinwegfällt, ohnehin nicht sonderlich gelegen seyn kann.

Zur dritten, weil leicht ein scheinbarer und mit der Ehre ernannten Hofes vereinbarlicher Vorwand zu finden seyn dürfte, die übernommene Garantie gänzlich aufzugeben. Wie dann auf den entgegengesetzten Fall die von anderen Höfen zugleich mit Russland zu übernehmende Garantie nicht nur der Ehre dieses Hofes keineswegs verkleinerlich fallen, sondern in den Augen der Welt nur um so respectabler dargestellt werden kann.

Zur vierten, weil solches ohnehin zu einer wahren und ungezwungenen Pacification unumgänglich erfordert wird, und ohne diesem diejenige ruhige und von widrigem Verdachte

befreyete Disposition der Gemüther in Pohlen nimmermehr anzuhoffen seyn würde, von welcher doch der glückliche Ausschlag einer Vermittlung vorzüglich abhanget.

Der König von Polen wäre andurch aus seinen nur
allzu critischen Umständen auf einmal gesetzt, mit der Nation
ausgesöhnet und zugleich von der bisherigen Russischen Abhängigkeit grösstentheils befreyt.

Die Nation erhielte ihre vorige Freyheit und alte Haupt-
verfassung wieder. Zugleich würde von ihr alles dasjenige
Unheyl entfernt, mit welchem sie von der Wuth der Türkischen
und Russischen Armeen bedrohet wird.

Alle übrige mit concurrirende Mächte, besonders unser
und der Preussische Hof, würden von der Beysorge derjenigen
Folgen der Russischen Herrschsucht entlediget, wovon wir die
Bedencklichkeiten zwar ebenso wenig, als der König in Preussen
jemals misskennet haben, deren wirksamer Einhalt jedoch ebenso
wenig in unsrer, als in der Macht ernannten Königs gestanden
ist, da einer durch den andern gehindert worden, und oft-
erwehnter König in seiner gedrengten Situation gezwungen ist,
sogar den russischen Absichten beyhilflich zu seyn, die er doch
als der nächste Nachbar noch mehr als wir für sein wahres
Staats-Interesse widrig ansehen muss.

XIII.

Rescript an den Grafen Mercy in Paris.

Den 8. September 1769.

Da die vorgewesene Entrevue des Kaisers Maytt. mit
dem König in Preussen eine solche ausserordentliche Begeben-
heit ist, welche die aufmerksame Neugierigkeit von ganz Europa,
besonders aber des französischen Hofes erwecken wird, so erfordert der allerhöchste Dienst, Euer Excellenz mittels Ab-
fertigung des gegenwärtigen Courriers ohngesäumt in den Stand
zu setzen, dass dieselbe dem Herrn Duc de Choiseul die freundschaftliche Rücksicht bezeigen, und ihn von dem Ausschlag
dieser Entrevue vertraulich benachrichtigen können.

Wie nun die eigentliche Absichten des Kaisers Maytt.
darinnen bestanden sind, zuförderst des Königs in Preussen als
eines so berühmten Fürsten persönliche Bekanntschaft zu er-

werben, einen Theil seiner Kriegsmacht, deren innerliche Verfassung Disciplin, Exercitien und manoevres in eigenen Augen-
schein zu nehmen, und soviel es die Umstände verstatten, die
vorhinnige Eifersuchten und feindseligkeiten in ein gutes Vernehmen und dauerhaften Frieden zu verwandlen, so sind auch
die zwey erstern Absichten in voller Maas und die letztere
wo nicht gänzlich, jedoch in so weit glücklich erreichet worden,
dass der König den schon vor etlichen Jahren im Werk ge-
wesenen Besuch des Kaisers Maytt. wie auch allerhöchst dero
selben Aeusserungen und Betragen nicht wohl anderst, als eine
überzeugende Probe aufnehmen können, dass man diesseits
keine Rachbegierde weiters im Herzen führe, sondern zu Beybehaltung des allgemeinen Ruhestandes mitzuwirken, aufrichtig
geneigt sey.

Des Kaisers Maytt. sind in Begleitung des Herrn Prinzen
Albert von Sachsen-Teschen, dann des Herrn Obrist-Stallmeister
Grafen v. Dietrichstein, Herrn Feldmarschallen Grafen Lacy
und der Herren Generalen London, d'Ayasassa und Nostitz,
den 25. August gegen mittag zu Neiss eingetroffen, geraden
Wegs zu dem königl. Quartier gefahren, und von dem König
auf das freundschaftlichste empfangen worden. Ihro Maytt.
haben sowohl bey dieser als allen anderen Gelegenheiten das
genaueste Incognito beobachtet, dem König beständig die Hand
gegeben, und aller Einladung in die königl. Wohnung ohngeachtet, ihr Quartier in einem Wirthshause genommen.

Die erste und alle nachfolgende Tafeln haben 3 bis 4
Stunden gedauert, der König unterhielt sich beständig mit des
Kaisers Maytt., und die in den letzten Kriegen vorgefallenen
Schlachten, militar-Unternehmungen und überhaupt alles, was
in das Kriegswesen einschlaget, waren der vorzügliche Gegenstand dieser Unterredungen: Wobei der König mit aller Un-
partheilichkeit nicht nur das gute Benehmen der diesseitigen,
sondern auch seiner Generalen und seine eigene begangene
Fehler abgeschildert, auch auf des Kaisers Maytt. wegen der
militar- und öconomischen Einrichtungen gestellte viele Anfragen eine vollständige Auskunft willfährig ertheilet hat.

Den 26. Ejusdem liess der König seine bei Neiss ver-
sammelte Trouppen, so in 16 Bataillonen und 30 Escadrons
bestanden, ausrücken, und es selbigen Tags bey dem exerciren
bewenden.

Den 27. wurde eine Attaque der Arrière-Garde und den
28. eine affaire de Poste vorgestellet, nach der Endigung des
Kaisers Maytt. sich von dem König zärtlich beurlaubet, und
bloss unter der Begleitung Ihres Gefolgs zu Pferd in Galop
sich auf den Rückweg zu Ihren Wägen begeben haben.

Die erwähnte 2 Manoeuvers sind zwar, wie es von Preussischen Truppen nicht wohl anders zu vermuthen ist, sehr gut
von Statten gegangen, jedoch ist dabey nichts neues noch un-
bekanntes wahrzunehmen gewesen, und dürfte unsererseits ohne
Eigenliebe behauptet werden können, dass überhaupt die kaiserl.
königl. Kriegsmacht, sowohl was die Schönheit der Mannschaft,
als deren Abrichtung anbetrift, der königl. preussischen wenigen
oder keinen Vorzug einraumen, welcher Umstand uns allerdings
eine innerliche Zufriedenheit verursachen muss.

In Ansehung der Staatsangelegenheiten bestehet der merk-
würdigste Umstand darinnen, dass des Kaisers Maytt., um allen
unangenehmen Aeusserungen des Königs wegen unserer Allianz
mit der Krone Frankreich bevorzukommen, gleich allen An-
fangs die Gelegenheit ergriffen haben, Ihre allerhöchste Zufriedenheit über diese Verbindung und den vesten Vorsatz der heiligen
Erfüllung dieser Traktaten mit ganz deutlichen und nachdrück-
lichen Worten zu erkennen zu geben, welche erleuchteste
Aeusserung von der vergnüglichen Wirkung gewesen ist, dass
der König in den langen mit des Kaisers Maytt. gepflogenen
Unterredungen sorgfältig vermieden hat, von der erwähnten
Allianz einige Anregung zu machen, oder sonsten etwas auf
die Bahne zu bringen, so dem französischen Hofe zum Nachtheil gereichen könnte, dagegen ihm unbedenklich geschienen
hat, dem Betragen des dermaligen englischen Ministerii verschiedene Ausstellungen zu machen, und überhaupt von diesem
Hofe nicht das beste Urtheil zu fällen.

Am meisten aber hat aus des Königs Aeusserung eine
besondere Rücksicht für Russland und viele Aufmerksamkeit
hervorgeleuchtet, alles, was diesem Hofe missfallen könnte, zu
vermeiden und sich vielmehr ihm gefälliger zu machen.

Welcher Betrag meines Ermessens nicht sowohl einer
wahren Freundschaft, Zuneigung, als der Staatsabsicht beyzu-
messen seyn dürfte, seine Lande rückwärts sicher zu stellen,
und uns die Gelegenheit zur Aussöhnung mit Russland zu er-
schwehren.

Da nun dieser geheime Endzweck der tiefsten Einsicht
des Kaisers Maytt. nicht verborgen bleiben können, so haben
auch allerhöchst dieselbe dem König nicht nur deutlich ein-
sehen machen, dass wir keineswegs in Absicht führeten, ihme
Russland abspenstig zu machen, sondern zu dessen vollständiger
Bekräftigung liessen Ihre Maytt. die Frage an den König gelangen, ob ihm nicht die reponse verbale, so ich vor kurzem
dem Herrn Fürsten Galliczin auf allerhöchsten Befehl gegeben,
und Eurer Excellenz allschon abschriftlich mitgetheilet habe,
zur Wissenschaft gelanget wäre, als welche ihme zur über-
zeugenden Probe dienen könnte, was unser Hof in Ansehung
des russischen für ein wohl überdachtes System gefasset habe.

Ob nun zwar der König eingestunde, dass ihme von der
erwähnten Reponse verbale vertraute Mittheilung geschehen
seye, so hat er doch die Unterredung über diesen Gegenstand
kurz abgebrochen, und nicht für gut befunden, hievon ein
mehreres auf die Bahn zu bringen, oder in eine Untersuchung
einzugehen, was aus der besagten reponse verbale für schlüssige
Folgen zu ziehen seyen.

Wie dann überhaupt seine Aufmerksamkeit für Russland
die Vermuthung bestärket, dass er die russ. Kaiserinn von
Ihro Maytt. des Kaisers äusserungen zu benachrichtigen nicht
unterlassen werde, welches man auch diesseits als eine ganz
gleichgültige Sache geschehen lassen kann.

Von den türkischen Kriegsanstalten macht sich der König
die schlechteste Vorstellung, und will als sicher voraussetzen,
dass die Russen wo nicht noch in dieser, jedoch in der zu-
künftigen Campagne sich von Chozim, Oczakow und Bender
bemeistern, auch Assow bevestigen, und solches in dem künftigen
Frieden wieder abzutreten nicht zu vermögen seyn, wohl aber
in Ansehung der Dissidenten in Polen und der dortigen Be-
schwerden sich nachgiebig erzeigen würden, wenn nur der jezige
König sich auf dem Throne erhalte, und keine wesentliche
Abänderung in dem gegenwärtigen Reichs-Systemate erfolgte.

Indessen scheint die Versicherung des Königs in Preussen,
dass er an dem entstandenen Türkenkriege ein wahres Missfallen trage, und die baldige Herstellung des Friedens schnlich
wünsche, auch sich hierzu durch seine Minister bei der Pforte
eifrig verwende, um so mehr allen Glauben zu verdienen, da
die künftige Begebenheiten nicht sicher vorzusehen sind und die

jährl. zu entrichtende preussische Subsidien von 500,000 Rthlr.
gleichwohlen eine beträchtliche und zugleich vergebliche Aus-
gabe verursachen.

Es bestehet aber das wesentlichste dieser merkwürdigen
Entrevue darinnen, dass der König das freundschaftliche Bezeigen des Kaisers Maytt. nebst den Versicherungen eines aufrichtigen Verlangens zu Aufrechthaltung des eingegangenen
Hubertsburger Friedens nicht nur in gleicher Maass erwiedert,
sondern eine wahre Hochschätzung und persönliche Zuneigung
für Ihre Maytt. zu erkennen zu geben, und die Versicherung
auf das nachdrücklichste und unter Verpfändung seines königl.
Ehrenworts wiederholet hat, dass er nichts so sehr, als mit dem
Durchlauchtigsten Erzhause in ohnunterbrochenen Frieden zu
leben wünsche, und gegen die diesseitige Lande niemalen etwas
feindliches unternehmen würde, es möchten sich auch künftighin Zufälle und Kriege ergeben, wie sie immer wollten.

Da nun des Kaisers Maytt. zufolge des diesseitigen wahren
Friedens-Systematis ein gleiches zu versprechen keinen Anstand
genommen, und aller Anschein vorhanden ist, dass der König
die er selbsten nicht in Abrede stellet, und keine verstellte,
sondern wahre Abneigung trage, sich noch einmal mit uns zu
messen, und es auf den Ausschlag solcher Waffen ankommen
zu lassen, welche einander gewisslich nichts schuldig verbleiben
würden, So kann man sich auch zum voraus, und so viel bey
menschlichen Handlungen eine Gewissheit Statt findet, versprechen, dass der Frieden zwischen uns und Preussen ganz
ungestöhrt verbleiben werde, wenn gleich gegen besseres Wünschen und Hoffen ein Kriegsfeuer zwischen Frankreich und
Engeland entstehen sollte.

Ob nun zwar der König bei seiner dermaligen gesinnung
leicht zu vermögen seyn dörfte, die oberwähnten friedens- und
freundschaftsversicherungen in einen förmlichen Tractat zu verwandlen, so wird doch solches von Ihro Maytt. nicht nur vor
überflüssig, sondern vor bedenklich angesehen, da auch die
feyerlichsten Tractaten schon so vielfältig gebrochen worden,
und solche bei den meisten Europäischen Höfen ein grosses
Aufsehen verursachen, auch die gebrauchende Vorsicht nicht
vermindern würden, beständig fort auf seiner Hut zu seyn und
sich in einer respectablen Verfassung zu erhalten, damit wir
auf alle mögliche fälle bereit seyn mögen.

Es haben auch des Kaisers Maytt. diese Systemal-Absicht dem König zu verbergen oder in eine andere Gestalt einzugleiten sich so wenig angelegen sein lassen, dass vielmehr allerhöchst dieselbe ganz freymüthig und umständlich eröffnet haben, wie nunmehro unsere ganze Kriegsmacht sich mit allen erforderlichem versehen befinde, und stündlich in Bewegung gesetzt werden könnte.

Uebrigens geniesset der König vor dermalen einer vollkommenen Gesundheit, und da er von dem Kronprinzen, Prinzen Heinrich und Marggrafen v. Anspach begleitet war, so haben auch des Kaisers Maytt. von dem König und den 2 Prinzen visiten empfangen und wieder abgestattet, jedoch allezeit das genaueste Incognito beobachtet.

Hierinnen bestehet das wesentliche, so von der erwähnten Entrevue schon dermalen zu meiner Wissenschaft gelanget ist. Sollte ich aber wegen Ihro Maytt. des Kaisers Zurückkunft etwas mehrers in Erfahrung bringen, so zu Dero Wissenschaft befördert zu werden verdient, so werde solches Eurer Excellenz vertraulich zu überschicken ohnermanglen.

Indessen belieben dieselben die obstehende Nachrichten in der Gestalt, wie ich sie angeführet habe, dem Herrn Duc de Choiseul bey erster Gelegenheit zu hinterbringen. Und wäre bey Euer Excellenz geschickter Benehmungsart die Erinnerung ganz überflüssig, dass sich hieraus kein angelegenes Geschäft zu machen, noch dero Aeusserungen die Gestalt einer Rechtfertigung zu geben, sondern sich ganz natürlich dabey zu benehmen, und blos unsere freundschaftliche Aufmerksamkeit geltend zu machen seye.

Es habe also nur noch so vieles ausdrücklich hinzuzufügen, dass dem Herrn Duc de Choiseul zu seiner Berichterstattung an den allerchristlichsten König zu eröffnen seye, des Kaisers Maytt. hätten nunmehr das Vergnügen gehabt, einen ihrer vorzüglichen Wünsche zu erreichen, und mit dem König in Preussen in persönliche Bekanntschaft zu gerathen. Es bliebe aber Ihro Maytt. ein weit angelegeneres Verlangen übrig, welches darinnen bestünde, dass sich Zeit und Umstände so günstig fügen möchten, Ihrer zärtlichsten Lieb und Hochachtung ein Genügen leisten, und den allerchristl. König nicht nur als einen grossen Monarchen, sondern auch als ihren Grossvatter umarmen zu können.

Was nun Herr Duc de Choiseul hierauf in Antwort erwiedert, werden Eure Excellenz mir ohnverzüglich und umständlich einzuberichten belieben.

XIV.

Kaunitz à Sa Majesté l'Impératrice-Reine.

à Austerlitz, ce 30 Août 1770.

Madame,

Sa Majesté l'Empereur a eu la bonté de m'envoyer ici
aujourd'hui avec la Lettre qu'il avait reçue de Votre Majesté,
et la feuille des nouvelles qu'elle contenoit, toutes les dernières
dépêches de Thugut, que je garde, parce qu'elles pourroient
peut-être m'être nécessaires au Camp de Neustadt, où je compte
être demain au soir ou après-demain matin au plus tard. Je
ne puis point avoir l'honneur de dire à Votre Majesté ce que
je pense que nous pourrons faire sur tout cela, parce que le
plus ou le moins, le choix même qu'il peut y avoir à prendre
entre les différents partis, dépendra comme sent bien Votre
Majesté, du Concours ou au moins de l'acquiescement du Roi
de Prusse, à ce que nous pourrons lui proposer, et que, comme
je ne connais pas ce Prince, je ne puis pas imaginer l'impression
que lui feront les choses que je pourrai lui dire. Votre Majesté
peut cependant être tranquille sur tout ce qui se passera à Neustadt en matière d'affaires, attendu que, si je ne suis pas assez
heureux pour parvenir à tirer de cette entrevue, dont les circonstances rendent le moment, à mon avis, très-heureux, tout
le parti que je me propose d'en tirer, je tâcherai au moins de
ne rien gâter, et j'aurai soin de rendre compte à Votre Majesté
de l'essentiel de tout ce qui s'y sera passé, dès que je serai
de retour à Austerlitz, où je compte d'être, s'il plait à Dieu,
le 7 ou 8 du mois prochain. Je prends la liberté de renvoyer
à Votre Majesté en attendant le Mémoire qu'a remis à Pergen
le comte de Pac, et auquel je crois que Votre Majesté pourroit
le faire rendre en original ou en copie avec les Réponses sur
chaque article, telles que je les ai couchées en marge, et que
je les ai envoyées à l'Empereur pour son information. Thugut
s'est fort bien conduit, il faudra voir à présent, si la lettre du

Kaimakam qu'il nous annonce, arrivera, comment elle sera tournée, et quel est le parti, qu'elle nous mettra dans le cas de pouvoir prendre. Si toutes les nouvelles de terre et de mer, que Votre Majesté nous à envoyées, sont vraies, elles sont très-fâcheuses assurément: la pusillanimité des Turcs me paroît cependant, quoi qu'il en puisse être, encore bien plus à craindre, que les brillants succès des Russes; et je crains bien fort que, comme moyennant cela les Turcs ne paroissent plus faits pour en imposer à la Russie, et qu'il faudra cependant bien que quelqu'un leur en impose et même promptement, si on ne veut pas que les choses aillent trop loin, et que les remèdes viennent trop tard, on se verra peut-être dans la nécessité de se déterminer, au moins, à une Démonstration assez vigoureuse, pour la faire croire sérieuse. Mais il n'est pas question de pouvoir se décider sur rien avant que nous n'ayons vu le Roi de Prusse, et comme le moment n'en est pas éloigné, — j'espère que Votre Majesté trouvera bon, que je n'entre pas actuellement dans de plus grands détails. Si après mon retour de Neustadt il me semble que Votre Majesté puisse avoir besoin de moi à Vienne, je ne tarderai pas à m'y rendre, si non, j'espère qu'Elle me permettra de rester ici encore quelque tems. J'ai l'honneur de me mettre à ses pieds en attendant avec la plus profonde soumission.

XV.

A Sa Majesté l'Empereur, à Neustadt en Moravie.

(Dicté par S. A. et dépêché par   à Austerlitz, ce 30 Août 1770.
l'exprès de S. M.)

Sire,

J'ai reçu aujourd'hui à 8 heures du matin le paquet que Votre Majesté a eu la bonté de m'envoyer, et en la remerciant très humblement d'avoir bien voulu me communiquer la Lettre de Sa Majesté l'Impératrice, j'ai l'honneur de la lui renvoyer ci joint. Si les nouvelles de Varsovie et de Rome sont vraies, elles sont fâcheuses assurément, parce qu'elles nous obligeront vraisemblablement à devoir prendre un parti sérieux, qui, s'il n'est pas hazardeux, sera au moins coûteux jusqu'à un certain point. Je compte être au plus tard après-demain dans la matinée aux pieds de Votre Majesté, et comme je serai moyennant cela à portée d'avoir l'honneur de lui dire ma pensée sur l'état des choses, je crois devoir lui en épargner le détail dans ce moment-ci. Ce qu'il y a de certain en attendant, c'est que, s'il est réellement tel que nous le donnent les nouvelles que Sa Majesté l'Impératrice vient de Nous communiquer, et que le Roi de Prusse soit raisonnable et de bonne foi, ce sera peut-être un très grand bonheur, que le hazard ait fait tomber son Entrevue avec Votre Majesté dans ce moment-ci. Car non seulement le plus ou le moins, mais peut-être même tout ce qu'on pourra faire de bien, dépendra de son concours ou au moins de son acquiescement. Je suis bien certain que je lui dirai tout ce qui peut se dire de raisonnable pour cet effet; mais comme je ne le connois pas, je suis bien loin d'imaginer l'impression que cela pourra lui faire. Thugut s'est conduit en homme de tête, mais les Turcs en échange, en gens qui n'en ont point, à quelque chose cependant dans cette occasion malheur est bon, parce que les voilà à la fin déterminés, à ce qu'il semble, à vouloir tout de bon la Paix, et notre médiation. Il s'agit à présent de faire vouloir de même l'un et l'autre à la Russie; mais hoc opus, hic labor. Cela ne sera pas aisé dans ce moment d'Enthousiasme, je ne crois cependant pas que cela soit impossible, si le Roi de Prusse le veut bien bien, comme je pense qu'il seroit de son intérêt de le vouloir.

Par les Réponses marginales très humblement ci-jointes au Mémoire présenté à Pergen par Mr. de Pac, Votre Majesté daignera voir ce que je pense que l'on peut répondre dans ce moment-ci à ces gens-là. Elle observera que, soit pour donner à penser à la Russie, supposé que ces réponses parviennent à sa connoissance, soit pour ne pas ôter toute espérance à des gens, dont peut-être on pourroit avoir besoin dans peu, dans une des réponses négatives je me suis servi à dessein de l'expression: de l'état où sont encore les choses. J'enverrai ce Mémoire avec les Réponses à Sa Majesté l'Impératrice; je lui dirai que je ne me crois pas dans le cas de pouvoir lui rien proposer avant que nous n'ayons vu le Roi de Prusse, mais que j'aurai l'honneur de l'informer de tout ce que Nous aurons pu faire ou ne point faire à Neustadt, dès que j'en serai revenu. Je garde les Relations de Thugut, dont on n'a que faire à Vienne dans ce moment-ci et dont en échange nous pourrions avoir besoin à Neustadt, et en attendant le bonheur d'être auprès de Votre Majesté, je me mets à ses pieds avec la plus profonde Soumission.

XVI.

Kaunitz à Sa Majesté l'Impératrice-Reine.

à Neustadt, ce 3 Septembre 1770.

Votre Majesté apprendra par la lettre que lui écrit l'Empereur, que le Roi de Prusse est arrivé aujourd'hui à une heure et demie environ. Il a causé avec l'Empereur en particulier avant le dîner dans sa chambre pendant un gros quart d'heure. On a passé de là au dîné, où il était assis l'Empereur à sa droite, et moi à sa gauche. Pendant le dîné qui n'a duré que deux heures environ, il m'a adressé plusieurs fois la parole sur des choses indifférentes, mais après le dîné il a causé assez longtemps sur la guerre présente, et sur la future Pacification, mais avec assez peu de tenue et de suite dans l'arrangement des idées. Il m'a dit qu'il désireroit me dire bien des choses sur ces objets, mais qu'il y avoit trop de Spectateurs, et je lui ai répondu que je viendrais lui faire ma Cour chez lui, si cela pouvoit lui être agréable, pour écouter ses idées, et lui dire les miennes très-naïvement, s'il avoit envie de savoir ce que je pense tant sur les affaires générales que sur celles, dont il s'agit dans ce moment-ci. Il m'a témoigné, qu'il le désirait fort, et que je lui ferai grand plaisir. L'Empereur le trouve bon, et je me rendrai chez lui moyennant cela, demain d'abord après le dîné, attendu que les manoeuvres de l'Armée prendront toute la matinée. Il y auroit de la témérité à vouloir dire à Votre Majesté ce que je pense du Roi de Prusse après une heure de connaissance; mais je ne manquerai pas de L'informer par écrit encore avant de partir d'ici, de tout ce qui me paraîtra digne de son attention, me réservant cependant d'avance de garder pour le moment, auquel j'aurai le bonheur de me retrouver aux pieds de Votre Majesté tout ce qui s'appelle petites anecdotes, qui perdent à être rendues par écrit. Je dois ajouter seulement, que le Roi ou réellement encore ne fait rien de tout ce que nous a mandé Thugut par la dernière, et pas même par la première de ses deux Lettres, ou au moins qu'il fait semblant de n'en rien savoir. J'ai déjà eu occasion de Lui lâcher aujourd'hui, que rien à mon avis n'était moins fin que les finasseries, je verrai demain si la leçon aura fait quelque effet. Le Courier de hier au soir m'a rendu le billet, dont m'a honoré Votre Majesté, et mon coeur sensible et reconnaissant en a été pénétré. Votre Majesté ne sauroit augmenter par les Bontés mon attachement pour Elle, mais Elle peut être persuadée au moins qu'aucun des ses serviteurs ne sait mieux que moi en sentir le prix. L'Empereur me témoigne beaucoup de bonté et de confiance, je tâcherai de m'en rendre digne par mes avis et ma conduite à son égard. Je ne sais encore, si j'aurai le bonheur d'être fort utile ici à Votre Majesté, mais j'ai la satisfaction de voir qu'au moins je n'y suis pas tout à fait inutile. Je me mets aux pieds de Votre Majesté avec la plus profonde Soumission.

XVII.

Kaunitz à Sa Majesté l'Impératrice-Reine.

Réservé pour Sa Majesté seule.   à Neustadt, le 7 Septbr. 1770
                                            (à 11 heures du matin).

Tout s'est fort bien passé ici. L'Empereur a été convenablement avec le Roi. Les Troupes de Votre Majesté, Infanterie et Cavalerie, nous ont fait beaucoup d'honneur, et une impression très-favorable sur les Prussiens. La Table étoit bien servie; le Théâtre et le Spectacle aussi bien qu'on pourroit le donner à Vienne; tous nos hôtes fort bien logés; toute la Ville même très-propre, et très-jolie; en un mot, j'ai été assez content de tout, et je crois que Votre Majesté a lieu de l'être. Tout ce que je puis dire dans ce moment-ci de la Personne du Roi à Votre-Majesté, c'est que je n'y ai trouvé ni tout le bien, ni tout le mal que l'on m'en avoit dit. Parmi tout ceux, qui étaient de la suite du Roi, il n'est personne qui vaille la peine, que l'on en parle, qu'un petit Prince de Brunsvic de 17 ans, fils cadet du Duc Régnant, qui est un joli enfant, qui ne me paroit pas être sans esprit, d'une jolie figure, doux, modeste et bien élevé, et surtout Monsieur le Prince Héréditaire de Brunsvic son Frère, qui réunit à sa réputation militaire beaucoup d'esprit, des Connaissances, et une politesse très-noble. On dit qu'il est faux; mais comme c'est assez ordinairement une qualité, que les sots, dont le monde abonde, attribuent aux gens d'esprit, je pense n'en devoir rien croire que sur les preuves, et qu'après que j'aurai eu occasion de m'en convaincre par moi-même.

Je prie Votre Majesté d'avoir la bonté de m'accorder le plaisir d'avoir chez moi à Austerlitz mon ami Binder pendant une quinzaine de jours, s'il se peut, afin qu'il ait un peu de repos aussi de son côté, et au cas qu'Elle daigne m'octroyer ma demande, j'ose La supplier encore de daigner me l'envoyer le plutôt possible, parce qu'il me semble, que nous ne devons pas trop compter sur la durée du beau temps cette année.

Je demande pardon à Votre Majesté de la liberté que je prends, et je me mets à ses pieds avec toute la vivacité du respectueux attachement, qu'Elle me connait pour son Auguste Personne.

Le Roi est parti à 5 heures du matin, l'Empereur qui sort de chez moi dans ce moment, qui m'a trouvé dictant ce très-humble Rapport, auquel je l'ai lu, aussi que ce Réservé, et qui m'a témoigné en être très-satisfait, va partir tout à l'heure, je compte en faire autant dans une demie-heure d'ici, et ce Rapport sera remis au Courier, qui en est le Porteur, dès qu'il pourra être copié par Harrer, que je laisse ici après moi pour cet effet.

Kaunitz Rittberg.

XVIII.

Kaunitz à S. M. l'Impératrice Reine.

(Dicté par Son Altesse Elle-même.) à Austerlitz, le 18 Septembre 1770.

J'ai eu l'honneur d'informer Votre Majesté par ma Lettre de Neustadt du 3 que je verrai le Roi de Prusse chez lui le lendemain, et je m'y suis rendu en effet en conséquence de l'arrangement qui en avoit été pris avec lui, à l'heure convenue dès en sortant de Table, Notre Entretien a duré au delà de deux heures, quoique j'y aie mis de mon côté tout l'ordre et toute la précision qu'il m'a été possible d'y mettre,

et je m'en vais tâcher de rendre à Votre Majesté le plus
exactement que je le pourrai, tout ce dont il a été question
dans cette conversation, pour autant que ma mémoire me le
permettra. Avant de passer cependant à en mettre le détail
sous les yeux de Votre Majesté, je crois devoir Lui rendre
compte des propos que dès le premier jour m'a tenu le Roi,
comme on dit, sur deux pieds, près de l'embrasure d'une fe-
nêtre de la Salle à manger, où tout le monde étoit dans ce
moment-là.

1. Après quelques compliments honnêtes, il m'a témoigné
d'abord, qu'il désiroit vivement le plus prompt rétablissement
de la Paix entre la Russie et la Porte, et de bonne fois je
crois, parce que cela lui convient, soit pour épargner son sub-
side, parce qu'il sent bien, qu'au fond il court encore plus de
risque que nous à l'agrandissement de la Russie. Mais il a
voulu me faire croire en même tems, que c'étoit plutôt par
rapport à nous que par rapport à lui, qu'il appréhendoit, que si
la guerre duroit, et que les succès des Russes se soutinssent,
comme selon lui sans doute ils se soutiendroient, les Russes
passant le Danube, chose, disoit-il, qu'il sentoit bien que nous
ne pouvions souffrir et à laquelle nous serions obligés de nous
opposer, nous ne fussions entraînés dans une guerre directe
avec les Russes, laquelle de proche en proche pourroit ramener
une guerre générale, qu'il étoit de l'intérêt de l'humanité, de
son intérêt et du nôtre de prévenir. Que par ces raisons il
falloit absolument tâcher de faire la paix cet hiver, afin que
les Turcs ne fussent pas dans le cas de devoir faire encore
une Campagne, dans laquelle il arriveroit que s'ils succom-
boient, nous prendrions leur parti de façon ou d'autre et que
moyennant cela nous serions enveloppés dans la guerre. Qu'il
croyoit, que la paix ne seroit pas difficile à faire, attendu que
les Russes se contenteroient vraisemblablement d'Azoff, qu'il
ne seroit pas raisonnable que les Turcs leur refusassent comme
un Dédommagement pour les frais de la guerre, dans laquelle
ils avoient été les Aggresseurs et dans laquelle les Russes
avoient eu et pouvoient se promettre encore de très grands
Succès; Que pour la Moldavie et la Valachie, ils se contenteroient s'y voir établis des Despotes indépendants de la Porte;
Que les Turcs dans l'état de délabrement où étoient leurs affaires, ne se refuseroient pas vraisemblablement à des con-

ditions si modérées, et qu'il falloit par conséquent travailler à
ce que la paix se fit encore cet hiver; s'il étoit possible, sur
ce pied. Je me contentai de lui répondre, après avoir entendu
des idées aussi peu réfléchies, que j'ai rangées dans l'ordre
d'un raisonnement, mais qui de sa part ont été débitées sans
aucune suite: que je convenois avec lui, par les raisons qu'il
avoit alleguées, et par beaucoup d'autres que je pourrois ajouter,
du bien qu'il y auroit à ce que la paix put être rétablie plutôt
que plus tard entre la Porte et la Russie, mais qu'il me permettroit de lui dire, que je ne pouvois pas convenir, que
sur le pied qu'il imaginoit, elle fut ni aussi simple ni aussi
aisée à faire qu'il le pensoit; Que les Turcs ne seroient peut-
être pas si faciles qu'il le croyoit, parce qu'ils avoient assez
de bon sens, pour comprendre, qu'elle étoit de la nature de
celles, dans lesquelles il devoit arriver vraisemblablement, que
chi la dura, la vince, et que s'ils se déterminoient à la
faire par la suite sans se compromettre, ayant plus de moyens
que la Russie, ils pourroient fort bien la soutenir plus longtems qu'Elle; Que le sort des Armes étoit journalier; que
quelque peu vraisemblable qu'il fut, après la façon dont les
Turcs s'étoient conduits jusqu'ici, que la chance pourra tourner
en leur faveur, cela n'étoit cependant pas impossible; Que
d'ailleurs les Armées Russes étoient exposées au danger de la
peste, qui pouvoit en très peu de tems faire plus de mal à
l'Empire de Russie, que ne pourroient jamais en reparer les
plus grands succès de la guerre. Que l'idée de la Destruction
de l'Empire Ottoman ou même seulement de Conquêtes un peu
considérables seroit chimérique, la Russie pouvant bien penser,
que, quand même il pourroit convenir au Roi de le trouver bon,
ce que je ne pouvois penser d'un Prince aussi éclairé que lui.
Nous ne pourrions souffrir ni l'un ni l'autre, et tâcherions certainement de l'empêcher, dussions-nous lui faire la guerre, soit
seuls, soit en nous joignant à la Porte, et qu'ainsi, quand même
la Russie auroit les moyens de soutenir la guerre pendant
plusieurs Campagnes encore, comme son objet ne pouvoit pas
même être mis en comparaison avec tous les risques qu'elle
courroit en s'obstinant à vouloir la continuer, par la bonne
opinion que j'avois des lumieres de l'Impératrice, je me croyois
en droit de supposer, qu'elle devoit désirer la Paix, et être
disposée par conséquent à y donner les mains plutôt que plus

tard à des conditions assez modérées et assez raisonnables, pour
que la Porte peut y consentir. Il me répliqua, que tout ce
que je venois de lui dire, étoit sans doute très fort et très
bien vu; mais que je croyois la Russie beaucoup moins en
état de soutenir la guerre encore long qu'elle ne l'étoit;
Que la guerre de terre étoit pour elle une très petite Dépense;
qu'elle ne lui avoit coûté jusqu'à present que $\frac{60}{200}$ Roubles, qu'il
n'y avoit donc que sa guerre maritime qui étoit un peu chère;
mais qu'elle avoit déjà fait un Emprunt étranger de sept mil-
lions de fls.; Que l'Impératrice de Russie depuis son Avène-
ment au Throne avoit considérablement augmenté ses revenus;
qu'elle étoit par conséquent fort éloignée d'être dans la disette
d'argent que la France lui supposoit; Que moyennant cela on
ne pouvoit pas calculer sur l'insuffisance de ses moyens; et
qu'ainsi par l'intérêt qu'il prenoit à nous, il voudroit que nous
fissions tous nos efforts vis-à-vis de la Porte et même vis-à-vis
de la Russie pour ramener la Paix entre ces deux Puissances.
Je me suis borné à lui répliquer, que j'avois déjà répondu
d'avance à l'objection qu'il me faisoit sur les pretendus moyens
abondants de la Russie, en lui exposant les raisons, pour lesquelles je croyois que la Russie devoit désirer la Paix et y
donner les mains à des conditions raisonnables, quand même
elle auroit tous les moyens de continuer la guerre qu'il lui
supposoit. Que, s'il étoit possible, nous concourerions volontiers
à en accélérer le moment, mais que sans lui nos efforts seroient
insuffisants, surtout vis-à-vis de la Russie; et qu'ainsi il étoit
question de savoir, comment et jusqu'à quel point il étoit
disposé à concourir de son coté à l'accélération d'un Evenement qui l'intéressoit pour le moins autant que nous. Les
choses en restèrent là pendant cette première Conversation;
Le Roi me témoigna de nouveau, combien il désiroit pouvoir
m'entretenir à l'aise, je lui promis que je viendrai le voir chez
lui, et je l'y accompagnai effectivement le lendemain peu après
que l'on s'était levé de table, ainsi que j'ai déjà eu l'honneur
de le dire ci-dessus. Mais comme j'avois pû m'apercevoir de
reste par tout ce qu'il m'avoit dit la veille et qui, bien
loin d'être lumineux, étoit très petit et très inconséquent,
qu'il falloit ou que ses idées ne fussent pas nettes en matière d'affaires, ou que leur confusion et entortillage devoit
avoir été l'effet d'un reste de Défiance des intentions de ma

Cour, et même des miennes, dont son Caractère soupçonneux
et méfiant ne lui avoit pas permis encore de se défaire entièrement, j'en ai conclu, que si je ne parvenois pas avant
toute chose à l'en guérir, à le faire voir en matière d'affaires
plus grandement et mieux qu'il ne voyoit, et à lui donner
quelque opinion de nos lumières et une entière confiance dans
nos intentions, notre Entretien non seulement ne seroit bon à
rien, mais nous meneroit peut-être même à nous séparer avec
humeur tout bas et très mécontent l'un de l'autre. Je me
déterminai donc à prendre un parti, peu conforme à ce qu'en
pareil cas ont cru devoir faire jusqu'ici les gens de ma pro-
fession. Dès en entrant dans son Cabinet le Roi me fit assoir,
et en conséquence de mon Projet, sans lui donner le tems de
commencer à entamer la conversation je lui dis d'abord.

2. Que je venois profiter avec bien du plaisir de l'honneur qu'il vouloit me faire de s'entretenir avec moi, mais que;
comme je ne ressemblois en façon quelconque ni à mes pré-
décesseurs ni à mes Contemporains en Politique, bien loin de
vouloir me prévaloir de l'avantage qu'il y avoit selon eux de
pouvoir écouter et de ne devoir pas parler le premier, comme
je désirois que notre Entretien put être de quelque utilité, je
le priois tout au contraire, de vouloir bien commencer par
écouter tranquillement et sans m'interrompre tout ce que je
pourrois lui dire. Que je croyois devoir en user ainsi, parce
que j'étois bien aise de le mettre à même, de pouvoir juger
par les choses que je lui dirois, de ce qu'il lui paroîtroit pouvoir me dire de son côté, ainsi que du ton qu'il croiroit devoir
prendre avec moi après m'avoir entendu. Que je sentois, qu'il
ne pouvoit ni ne devoit s'expliquer librement vis-à-vis de moi,
avant de savoir, qu'elle étoit au vrai notre façon de penser
sur les affaires générales, et quelles étoient en particulier nos
intentions à son égard, et que moyennant cela j'allois lui en
apprendre autant que j'en savois moi-même, avec toute la
véracité dont j'avois contume d'user, lorsque je me déter-
minois à parler, et avec toute la franchise qui est dans mon
Caractère, comptant néanmoins qu'il gardera pour lui seul ce
que je pourrois lui dire, et le croyant trop grand pour être capable d'en faire un mauvais usage.

3. Que bien loin de vivre, comme on dit, du jour à la
journée en matière de Politique, notre façon de penser et

d'agir sur les affaires générales et particulières étoit et avoit toujours été systématique; et qu'il étoit moyennant cela nécessaire, qu'avant toute chose il fut instruit de notre système politique, parce qu'il étoit la base et la cause mouvante de tout ce qu'il nous avoit vu faire jusqu'ici, et pouvoit s'attendre à nous voir faire par la suite.

4. Que peu de tems après la Paix rétablie j'avois représenté à ma Cour la nécessité d'en établir un quelconque pour l'avenir, attendu la différente face que la dernière guerre et la dernière paix avoient donnée au système général de l'Europe, et qu'après lui avoir exposé le pour et contre de tous ceux dont il pourroit être question, on avoit adopté un système absolument pacifique, par goût, et par raison; par goût, parce qu'il se trouvoit être le plus conforme à la façon de penser de l'Empereur et de l'Impératrice, et par raison, parce qu'il nous avoit paru le plus convenable à nos véritables intérêts, l'esprit de Conquête n'étant selon nous convenable tout au plus, qu'à ceux qui sont encore assez petits pour avoir besoin d'en faire pour leur sûreté; et que c'est par une suite de cette façon de penser que nous n'avons pas voulu prendre part aux troubles de la Pologne, et que nous avons jugé ne devoir pas profiter de l'occasion qui nous étoit offerte, de nous unir à la Russie pour concourir à la destruction de l'Empire Ottoman, et pour en partager la Conquête, qui en ce cas n'auroit peut-être pas été bien difficile à faire.

5. Qu'en conséquence de ce système, nous avions fermement résolu, de vivre désormais en paix avec lui, et d'établir même entre lui et nous, s'il étoit possible, une entière confiance, et une bonne et sincère amitié, rien ne nous paroissant plus propre à assurer et à maintenir la Tranquillité générale, qui en est l'objet, qu'une amitié sincere et une bonne intelligence entre lui et ma Cour.

6. Que je le croyois trop éclairé, pour ne pas lui supposer la même façon de penser à notre égard, ainsi que sur les affaires générales, et que c'étoit ce qui m'avoit engagé depuis un tems à en user avec son Ministre à Vienne, aussi amicalement que je l'avois fait dans toutes les occasions qui s'étoient présentées.

7. Que je ne lui cachois pas cependant, que pendant quelque tems après la Paix rétablie entre nous, je ne m'étois

pas lié absolument à ses sentiments pacifiques; que j'avois suivi de près moyennant cela toutes ses démarches pour voir s'il ne chercheroit pas à renouer avec la France, ou s'il préféreroit l'alliance de la Russie à celle de la Porte, que j'avois bien senti être aussi incombinable avec un système permanent qu'il le seroit de vouloir combiner l'alliance de la Russie et de la Porte ou celle de la France et de la Russie, qui vraisemblablement ne se séparera jamais ni pour toujours ni même pour longtems de l'Angleterre; Que si je lui avois vu rechercher de nouveau l'alliance de la France ou des Liaisons étroites avec la Porte, je me serois cru en droit de lui supposer des intentions peu pacifiques, et même le projet de profiter de la première occasion pour rompre avec nous de nouveau et qu'en ce cas j'aurois conseillé à ma Cour un parti tout différent du système pacifique qui m'a paru convenir qu'Elle adoptât; Mais que je n'avois plus hésité un moment sur l'opinion que je croyois devoir prendre de ses intentions, dès que j'avois vu, qu'il préféroit à toute autre l'alliance de la Russie, et qu'il en faisoit la base de son système politique, parce que j'y avois trouvé beaucoup d'Analogie avec celle qui existe entre la France et nous. Que l'alliance de la Russie lui donnoit l'avantage d'avoir dorénavant le dos libre, et que celle de la France nous rendoit le même office. Qu'avec son Allié il n'avoit plus à craindre que nous, et qu'avec le notre nous n'avions plus que lui, et tout au plus la Porte à appréhender. Qu'il n'étoit pas vraisemblable, qu'il pût jamais nous convenir ni à l'un ni à l'autre de rendre nos alliances respectives offensives, parce que, comme nos Alliés ne consentiroient sans doute jamais à nous laisser faire de nouvelles Acquisitions sans exiger un partage avantageux des conquêtes dont il pourroit être question, nous travaillerions plus que pour nous même à l'augmentation de leur puissance qui ne nous convenoit ni à l'un ni à l'autre. Que nos alliances avoient donc, entre autres, le mérite de se trouver, comme elles devoient l'être pour un système pacifique, c'est-à-dire, purement défensives, et de ne pouvoir pas même sans inconséquence être converties en offensives. Qu'elles étoient d'ailleurs, selon moi, les meilleures possibles, parce que tout le monde y trouvoit son compte. Qu'il trouvoit dans la sienne avec la Russie l'avantage de s'être délivré d'un Ennemi dangereux, par lequel il pouvoit être pris à dos dans toutes les occasions de guerre qui seroit survenue entre lui et nous : et que la Russie avoit acquis en lui un Allié qui augmentoit considérablement sa considération politique, et par la condescendance duquel elle pouvoit se flatter d'augmenter son influence en Allemagne, et de disposer plus ou moins du Nord au gré de ses désirs : Que je comptois beaucoup à la verité sur la sagesse du Roi, qui saura mettre des bornes à des vues aussi vastes ; mais qu'il n'en étoit pas moins vrai, que même en ce cas, son Alliance étoit encore toujours assez utile à la Russie. Que celle de la France nous rendoit les mêmes services, tandis que la nôtre lui donnoit l'avantage considérable, de n'avoir plus à craindre, que l'Angleterre puisse lui faire la guerre par terre et par Mer en même tems, et de pouvoir en échange employer d'orenavant contr'elle et à sa Marine la plus grande partie de ses forces et de ses moyens. Que l'Angleterre même, quoiqu'Elle ait perdu en Nous un Allié qu'elle pouvoit utilement mettre en oeuvre contre la France sa Rivale, a gagné au fond à notre Alliance avec cette Puissance, parce qu'elle la délivre du danger de la guerre du Continent qu'elle hait tant, et du désagrement si onéreux pour elle d'avoir à soutenir comme par le passé, une guerre de terre et de Mer en même tems. Que le Système actuel étoit donc à mon avis, le meilleur possible pour le bien général ainsi que pour l'intérêt particulier des Cours de Vienne et de Berlin. Que nous sommes bien avec la France, que le Roi est bien avec la Russie, et qu'en échange nous serions l'un et l'autre aussi mal que nous l'avions été, et dans l'état violent du tems passé, qui nous avoit donné toutes les guerres ruineuses que nous nous sommes fait jusqu'ici. Que le Roi, d'après ce que je venois de lui dire, ne devoit donc plus craindre, que nous puissions avoir la moindre envie de renouer avec la Russie.

8. Que lui ayant prouvé, à ce que je croyois, incontestablement, que l'Alliance de la Russie, depuis que nous avions absolument renoncé à toute idée de reconquérir la Silésie à moins qu'il ne donnât occasion à une nouvelle guerre entre nous, ne nous convenoit plus, et étoit même tout à fait contraire à notre système pacifique, il pouvoit être très certain, que nous ne chercherions pas à lui faire faire des infidélités par son Impératrice de Russie. Que par ce Principe nous n'avions voulu donner les mains à aucune des invitations qu'elle nous avoit fait faire pour renouveler notre alliance avec elle ; Que je

n'ignorois pas, qu'elle avoit assuré en Angleterre, que c'étoit
nous tout au contraire qui l'avions recherchée, Que je ne dou-
tois pas même, qu'elle n'en eut fait autant vis-à-vis de lui, mais
que rien n'étoit plus faux, et qu'elle ne s'en étoit vantée que
pour se faire valoir: que j'étois dans le cas de pouvoir au
besoin lui en donner des preuves, mais que je croyois, qu'il
en auroit trouvé de suffisantes dans les Déclarations qu'encore
en dernier lieu nous avions fait remettre à la Russie, qu'il
auroit vu sans doute et qui devoient l'avoir convaincu vraisemblablement, que nous jugeons ne pas nous convenir de renouer avec elle; Que ce seroit même, selon nous, bien mal
voir que de pouvoir en avoir l'idée, ou même l'air seulement,
parce que des coquetteries politiques de notre part vis-à-vis de
la Russie il ne pourroit manquer d'en résulter de nouveaux sujets de méfiance et le grand inconvénient de l'enorgueillir, de
la rendre plus exigeante vis-à-vis du Roi, et de le mettre
moyennant cela dans la nécessité de devoir se laisser aller à
des complaisances outrées, peu convenables à l'intérêt général
de l'Europe, et même au sien en particulier. Qu'il en seroit
de même, si le Roi s'avisoit de coqueter avec la France, et
qu'ainsi j'étois d'avis, que comme il ne nous convenoit ni à
l'un ni à l'autre de changer de système et qu'une conduite
équivoque de la part de l'un de nous vis-à-vis de l'Allié de
l'autre pourroit nous y ramener insensiblement, soit parce que
nous croirions devoir changer de parti pour ne pas être pré-
venus, soit parce que nous nous serions rendus nos Alliés in-
supportables par des cajoleries déplacées, il étoit de notre plus
grand intérêt, et qu'il seroit très sage, de nous en abstenir et
de nous prescrire au contraire l'un et l'autre comme une Loi
immuable, d'être l'un à l'égard de l'Allié de l'autre dans tous
les tems et dans toutes les occasions honnêtement, mais rien au
delà. Que nous étions très déterminés à nous en tenir à l'Alliance de la France seule, tant qu'elle chemineroit droit avec
nous parce que nous la croyons la plus analogue à notre système
pacifique, et la plus propre entre autres à faire durer toujours
la paix et la bonne intelligence heureusement rétablie entre
lui et nous. Que le Roi persistant de son côté dans son
système actuel avec la Russie, et les deux Cours prenant soin
d'en user dorénavant soit vis-à-vis de leurs Alliés soit entre
elles comme il convient quand on est ami de bonne foi et qu'on

veut se le témoigner, non seulement je ne voyois rien qui put s'opposer d'orénavant à leur bonne intelligence, mais que je la regardois même comme tout ce qui pouvoit y avoir de plus avantageux à leur intérêt réciproque, et même à celui de toute l'Europe. Que pour cet effet elles n'avoient pas besoin de Traités entr'Elles; qu'elles ne pouvoient d'ailleurs en faire sans la participation ou au moins à l'insçu de leurs Alliés; que de la part qu'ils y prendroient ou ne prendroient pas, il en resulteroit d'abord quelque changement dans leurs systèmes réciproques qu'il importoit de n'altérer en façon quelconque et qu'ainsi il ne falloit pas même y penser; mais qu'il pourroit en échange être très utile, nécessaire même, qu'elles convinssent entr'elles des Principes généraux, qui seroient d'orénavant la Règle et Loi immuable de la façon dont elles en useroient à l'avenir l'une vis-à-vis de l'autre. Que je venois de minuter une espèce de Catéchisme Politique à cet effet; que je le lui lirois, s'il vouloit; et que s'il le trouvoit raisonnable et conforme à ses idées, une simple promesse réciproque de s'y conformer, en quatre mots par écrit au bas de ce papier, qui seroit sine die et Consule et que l'on ne garderoit de part et d'autre que pour s'en rappeler la mémoire dans l'occasion, ou même une parole donnée de bouche seulement seroit sans en avoir les inconvénients infiniment plus utile que tous les Traités du monde. Le Roi me pria d'abord de lui lire ce papier, et après l'avoir entendu et très fort approuvé, il voulut que je le lui laissasse pour pouvoir méditer sur son Contenu, non pas parce qu'il y vit rien, dit-il, qui ne fut conforme à ses intentions, mais uniquement parce que la chose étoit assez importante pour qu'il crut ne pas devoir oser s'en rapporter tout de suite et sans la relire à tête reposée à la première impression qu'elle lui avoit faite; Mais je m'en excusai sur ce que je n'avois pas même eu le tems de prendre les ordres de l'Empereur à cet égard et sur ce que j'étois bien éloigné de vouloir faire d'une chose aussi simple un objet de Négociation entre lui et moi; qu'il m'avoit paru, que d'une Conduite réciproque constamment analogue à ces Principes, il ne pourroit manquer d'en résulter les plus grands avantages pour les deux Cours; qu'elle augmenteroit de jour en jour leur considération politique et leur influence dans toutes les affaires de l'Europe; qu'elles les y rendroit les arbitres de la Paix et de la guerre;

qu'Elle les mettroit à même de pouvoir se rendre réciproquement beaucoup de services agréables et utiles; qu'elle rendroit leur amitié permanente et invariable: et qu'elle leur assureroit d'autant plus certainement la conservation désirable de Leurs Alliances à toutes deux, qu'Elle contiendroit leurs Alliés dans les bornes les plus propres à les faire durer. Que je n'avois eu aucune autre vue quelconque en couchant ce papier; et que si le Roi entrevoyoit le moindre inconvénient à la pratique de mes principes, il n'y avoit qu'à laisser cela là; que nous n'en serions, j'espere, pas moins bons amis: et qu'à charge de revanche il pourroit compter ni plus ni moins sur tous les bons procédés possibles de la part de ma Cour.

9. Après m'avoir entendu parler ainsi, le Roi se leva tout d'un coup, et après m'avoir embrassé affectueusement, et m'avoir dit beaucoup de choses très honnêtes et très obligeantes pour moi, il me répondit: qu'il étoit enchanté de tout ce qu'il venoit d'entendre de ma bouche; qu'il y avoit longtems qu'il avoit pensé à peu près les mêmes choses, mais que n'ayant jamais été à portée jusqu'ici de pouvoir s'expliquer avec Nous, je pouvois penser combien devoit lui être agréable tout ce que je venois de lui dire: Qu'il avoit dans le coeur tous les Sentimens que ma Cour pouvoit désirer: et qu'il n'auroit pas de peine à se conformer moyennant cela aux règles de Conduite que contenoit mon Catéchisme Politique: Qu'il croyoit néanmoins, qu'il seroit fort utile de l'avoir constamment sous les yeux: et qu'il seroit bien aise par conséquent, que je voulusse bien le lui donner. Mais comme je persistois à m'en excuser sur les raisons que je lui avois déjà alleguées, il continua et me dit: Cette maudite guerre des Turcs m'alarme et m'inquiète, je serois au désespoir de me voir entraîné malgré moi dans une nouvelle guerre contre Vous, et je sens, que si les Russes passent le Danube, comme vous ne pourrez guères rester Spectateurs tranquilles de cet événement et de leurs progrès ultérieurs, ce malheur pourroit m'arriver, si parmi les différents partis que Vous avez à prendre vous preniez celui d'aller faire la guerre en Pologne, parce que mes Engagements avec la Russie portent directement sur les affaires de ce pays-là. Il n'en seroit pas de même à la vérité, si Vous portiez la guerre en Moldavie et en Valachie, parce que je ne suis pas, absolument obligé à m'en mêler: mais comme malgré cela d'encore

en encore, on ne sait jamais jusqu'où peuvent aller les choses,
je ne voudrois pas que vous fussiez dans le cas de devoir vous
compromettre directement avec les Russes qu'il qualifia du nom;
de ce gens là. Faisons donc la Paix au plutôt, je vous prie,
me dit-il; empêchons que les Turcs ne soient obligés de faire
encore une Campagne, et pour cet effet faisons la Paix cet
hiver; les Russes insisteront vraisemblablement à vouloir garder Azoff et la Crimée; mais je me flatte qu'ils se désisteront
de leurs prétensions sur la Moldavie et la Valachie, peut-être
même de celle d'y avoir des Despotes indépendants de la Porte;
je crois aussi, que les affaires de la Pologne s'arrangeront aisé-
ment, mais pour Azoff et la Crimée vous pouvez compter, qu'ils
voudront les garder, et ainsi je Vous conjure encore une fois,
de tâcher de faire en sorte que la Paix se fasse cet hiver; J'ai
eu cette nuit mes lettres de Constantinople, mais je ne sais
presque rien de ce qu'elles contiennent, parcequ'elles sont chif-
frées et que je n'ai pas ici mes chiffres. D'ailleurs vous êtes
bon et sage, je suis bien aise de profiter de vos lumières, et
je vous prie moyennant cela de vouloir bien me dire ce que
vous pensez sur tout cela.

10. Le Roi ayant cessé de parler, et paroissant empressé
de m'entendre, je repris la parole et lui répondis: Que si dans
la guerre qui est survenue entre la Russie et la Porte, les
Succès à tour de role, comme on dit, avoient été réciproques,
elle auroit pû être non seulement indifférente mais même utile
au reste de l'Europe et surtout aux voisins de ces deux Em-
pires, parce qu'ils auroient pû compter de n'être pas inquiétés
de longtems ni par l'une ni par l'autre des deux Puissances
qui se seroient épuisées mutuellement; mais que les choses ne
s'étant point passées ainsi et la chance ayant tourné tout à fait
en faveur de la Russie, il n'étoit pas douteux, que dans leur
état actuel elles méritoient la plus sérieuse attention, parce qu'une
augmentation un peu considérable de la Puissance Russe rendroit
notre Sureté et la Sienne précaire par la suite des tems, et
que moyennant cette fâcheuse perspective la guerre dans le
moment où on pouvoit encore se prévaloir de la Coopération
de la Porte et même de la Pologne, calculant politiquement,
seroit en effet un mal, bien inférieur aux suites infaillibles de
l'inaction: Que par conséquent nous ne pourrions pas nous
dispenser de nous y déterminer, au cas que la Russie s'obstinât

à vouloir garder des Conquêtes un peu considérables, ou à exiger que les affaires de la Pologne restassent sur un pied qui feroit de ce Royaume une Province de son Empire; et que si le Roi ne se mettoit pas de la partie, il n'étoit guères possible que nous ne nous retrouvassions dans le cas de devoir l'attaquer soit pour faire une diversion à la Russie soit pour ne pas laisser derrière nous un ennemi comme lui. Que je n'avois donc pas de peine à convenir, dans la supposition où j'étois, qu'il avoit autant d'éloignement à rompre avec nous que nous en avions à rompre avec lui, qu'il nous convenoit à tous deux, de faire, tout ce qui pourroit dépendre de nous pour ramener la Paix le plutôt possible; Que pour cet effet nous avions envoyé jusqu'ici à Constantinople tous les moyens que notre Expérience nous à fait regarder comme les plus propres à amener la Porte à des Sentiments pacifiques; qu'ils venoient de faire leur effet en l'engageant à demander notre Médiation que nous ne leur avions fait espérer constamment qu'en autant qu'ils demanderoient aussi celle du Roi; et que moyennant cela, dans un sens, l'état des choses relativement au rétablissement de la Paix étoit plus favorable qu'il ne l'avoit été avant les derniers succès des Russes; attendu qu'actuellement la Porte, qui jusques là avoit témoigné le plus d'éloignement pour la Paix, étoit disposée à s'y prêter, tandis qu'auparavant ni elle ni la Russie ne l'étoient. Que de ce côté-là donc il n'y avoit plus que la moitié du mal, et que par conséquent il n'étoit question actuellement que d'engager la Russie à penser de même; Mais que comme le Roi avoit et devoit avoir naturellement plus de crédit que personne sur l'esprit de l'Impératrice de Russie, ce n'étoit qu'en autant qu'il en useroit et qu'il employeroit vis-à-vis d'elle les moyens qu'il jugeroit être les plus propres à la persuader, que l'on pouvoit s'en flatter. Que comme après tout ce que je venois de lui dire, il ne devoit plus douter, qu'il pouvoit tout oser vis-à-vis d'elle sans avoir à en appréhender autre chose que tout au plus des moments d'humeurs, je le conjurois d'oser parler raison et un peu plus ferme à son Impératrice qu'il ne l'avoit fait jusqu'ici; Que je croyois devoir lui représenter, que s'il ne le faisoit pas, il en arriveroit de deux choses l'une, et toutes deux également facheuses, c'est-à-dire: ou que la Paix ne se feroit pas, parce que la Russie exigeroit des conditions auxquelles la Porte ne

pourroit consentir, ou qu'elle se feroit tout d'un coup à des
conditions très fatales pour la Porte, et très contraires par
conséquent à l'Equilibre de puissance que la durée de la Paix
et notre sûreté avenir rendoient nécessaire entre les deux Parties belligérantes; Que le Roi moyennant cela, que je supposois
désirer sincèrement le rétablissement de la Paix parcequ'il est
de son intérêt pour le moins autant que du nôtre qu'elle se
fasse plutôt que plus tard, devoit donc oser mettre en oeuvre
vis-à-vis de la Russie tous les moyens de persuasion et de plus
forts même s'il le faut pour engager son Impératrice à agréer
et demander notre Médiation réciproque, et pour la porter à
s'exécuter et à donner les mains à des Conditions raisonnables.
Que si elle cherche à éluder notre Médiation, je me croirois
en droit de supposer qu'elle est décidée à pousser les choses
à l'extrémité; et que je ne saurois lui cacher, qu'en ce cas il
ne sera guères possible que nous puissions nous dispenser de
nous déterminer pour l'un ou l'autre des différents partis, qu'il
sent bien que nous sommes dans le cas de pouvoir prendre
pour arrêter ses progrès et l'obliger à mettre de l'eau dans
son vin. Après m'avoir écouté très attentivement, le Roi me
répliqua, que tout ce que je venois de lui dire étoit très
lumineux et qu'il sentoit fort bien que j'avois parfaitement raison; mais que je ne connoissois pas autant que lui l'Impératrice
de Russie; qu'elle étoit très haute, très ambitieuse, très vaine,
et moyennant tous cela très difficile à mener; que comme elle
étoit femme, on ne pouvoit pas lui parler du ton dont on par-
leroit à un Ministre; et qu'il falloit user avec elle de beaucoup
de ménagement pour ne pas la révolter; qu'il suivroit cependant
mes Conseils pour autant qu'il lui seroit possible; mais four-
nissez-moi des armes, je vous prie, me dit-il, dont je puisse
faire usage pour lui faire peur; Et après avoir eu l'air d'y
penser un moment, il continua et me dit: ne pourriez-vous pas
p. e. faire signifier à Romanzow, que Vous comptez qu'il ne s'avi-
sera pas de passer le Danube, ou bien ne pourriez-vous pas
engager la France à vous déclarer: que si les Russes passent
le Danube, vous vouliez vous déterminer à rompre avec elle
et à lui faire la guerre, elle vous enverroit ?? hs. pour vous
aider; Vous m'en confieriez la nouvelle, j'en ferois usage, et
sans doute cela feroit son effet, ayez la bonté, je Vous prie, de
me dire ce que vous en pensez.

11. Je fus très étonné, je l'avoue, d'entendre sortir de la bouche d'un Prince qui a d'ailleurs beaucoup d'esprit, des idées aussi puériles; mais sans lui en rien faire remarquer et par ménagement pour un grand Prince comme lui je me bornai à lui répondre, que comme il m'autorisoit à lui dire librement ma pensée sur ce qu'il venoit de me proposer, je ne devois pas lui cacher, que selon moi ni l'un ni l'autre des deux moyens en question ne pouvoit avoir lieu, le premier, parce que je pensois qu'il ne falloit jamais se permettre de menacer sans être bien résolu d'avance à tenir parole, et que le seul passage du Danube ne seroit pas à ce qu'il me sembloit, une cause suffisante pour nous déterminer à une rupture ouverte avec la Russie: et le second, parce que la Russie seroit en droit de pouvoir regarder pareille Déclaration de la France comme une plaisanterie, et n'y feroit moyennant cela aucune attention. Qu'il me sembloit par conséquent, qu'il falloit en abandonner l'idée, mais qu'en échange je croyois, que ce que le Roi pourroit faire de mieux, ce seroit de profiter de l'occasion que lui fournissoit la nécessité où il étoit aussi bien dans ce moment-ci, d'écrire à l'Impératrice de Russie pour l'informer amiablement de ce qui s'étoit passé à l'Entrevue de Neustadt. Que, comme de raison, je ne m'aviserois pas de lui suggérer ce qu'il jugeroit lui convenir d'écrire relativement à la chose pour autant qu'elle étoit personnelle à l'Empereur et à lui, mais qu'en matière d'affaires, selon moi, il pourroit être utile qu'il écrivît à l'Impératrice, à peu près, dans les termes suivants, à savoir:

12. Que le lendemain de son arrivée à Neustadt il lui étoit parvenu, presqu'en même temps qu'à l'Empereur, par des Exprès de Constantinople des Dépêches contenant les unes et les autres une Lettre, par laquelle le Kaimakam, selon l'usage en cas d'absence du Vizir, demande au Nom de la Porte la Médiation des deux Cours pour moyenner le retablissement de la Paix entre Elle et la Russie. Qu'il envoyoit à l'Impératrice celle qui avoit été adressée à son Ministre le Comte de Finckenstein, à laquelle étoit conforme en substance celle qui pour moi avoit été remise à notre Résident, et je lui fis observer, qu'il pourroit même, s'il le jugeoit à propos, comme le Mémoire de Zegelin y étoit cité, lui en envoyer aussi une copie, pour ne pas la mettre en méfiance. Qu'il étoit prêt à se charger

de cette Médiation conjointement avec la Cour de Vienne, si
cela pouvoit être agréable à l'Impératrice. Que nous lui avions
témoigné, que nous étions dans les mêmes Dispositions, supposé que l'Impératrice trouvât bon de nous en requérir; et
qu'il étoit certain, que sa réquisition seroit reçue très convenablement. Que l'Impératrice étoit trop éclairée, pour ne
pas regarder, dans tous les cas, la guerre comme un grand
mal, et le rétablissement de la Paix comme un grand bien.
Qu'Elle avoit d'ailleurs trop d'élévation dans l'âme pour s'y
refuser, même au milieu des plus grands succès; et qu'ainsi
il se flattoit, qu'Elle lui feroit savoir au plutôt, qu'Elle accepte
sa Médiation, et qu'Elle a ordonné à son Ministre résidant à
Vienne, d'y déclarer, qu'Elle accepte également celle de la
Cour Impériale, et qu'Elle la requiert de vouloir bien s'en
charger. Que dans les Entretiens qu'il avoit eus avec l'Empereur et avec moi pendant son séjour à Neustadt il ne s'étoit
aperçu d'aucune aigreur et d'aucun éloignement pour la Russie:
mais qu'en ami sincère il ne devoit pas lui cacher en même
tems, que si la guerre durant encore plus longtems, il arrivoit,
qu'elle tournât de façon à faire appréhender une altération
notable de l'Equilibre de Puissance entre la Russie et la Porte,
soit que ce fût en faveur de l'une ou en faveur de l'autre des
deux Puissances belligérantes, la Cour de Vienne lui avoit paru
déterminée à prendre un parti sérieux, pour empêcher un
Evénement qu'elle croyoit qu'il étoit incompatible avec la Raison d'état de pouvoir tolérer. Qu'il y avoit d'ailleurs le danger
de la peste et tant d'autres à courir à la continuation de la
guerre, qu'il croyoit ne pas devoir dissimuler à l'Impératrice,
que le plus prompt rétablissement possible de la Paix lui paroissoit très désirable; Qu'ainsi il la conjuroit à y donner les
mains à des Conditions propres à la rendre possible; et qu'il
la désiroit d'autant plus vivement, que l'Impératrice ne pouvoit
rien faire de plus grand et de plus digne d'Elle, que d'user
de Modération dans le moment même des plus brillans succès.
Je lui dis: que je croyois qu'ils devroit ajouter, qu'il lui paroîs-
roit aussi très désirable, que tout pût se trouver arrangé en
Pologne, si non même avant l'ouverture des Négociations sur
la Paix, au moins avant que la Paix ne soit faite, parce que
ce seroit un grand embarras de moins dans l'ouvrage de la
Pacification et que d'ailleurs il seroit bien plus glorieux pour

l'Impératrice, que cet arrangement se fut fait dans un tems auquel il ne pourroit pas même être soupçonné d'avoir été une condition de la Paix. Qu'il croyoit aussi, qu'il convenoit qu'il fut d'espèce à pouvoir satisfaire les différents partis en Pologne, et les Puissances voisines; parce qu'il seroit très désagréable pour l'Impératrice, que l'état, dans lequel Elle auroit laissé les choses en Pologne lorsqu'Elle en retirera ses Troupes, ne se soutint pas; Qu'il la conjuroit donc, de donner à cet objet sa plus sérieuse attention, et que, comme il n'ignoroit pas les difficultés que pourroit rencontrer pareil arrangement dans l'état d'aigreur qui régnoit dans les esprits en Pologne si l'Impératrice en chargeoit ses Ministres dans ce pays-là, il croyoit en bon ami devoir soumettre à ses Lumières, qu'il lui étoit venu l'idée, que le meilleur, le seul moyen peut-être de réussir seroit, qu'il plût à l'Impératrice de faire minuter sous ses yeux un Plan d'Arrangement et de Système à venir pour la Pologne que ses lumières et son équité lui feroient juger pouvoir convenir à tout le monde, et après qu'Elle l'auroit fait, de le communiquer amiablement à lui et à la Cour de Vienne. Que si les deux Cours le trouvoient praticable, elles tâcheroient d'y faire consentir, de gré à gré, s'il était possible, le Roi et tous les différens Partis; et que s'ils n'étoient pas assez raisonnables pour s'y prêter, on laisseroit la Russie la maitresse de les y obliger par la force, et leur déclareroit, que les deux Cours se chargeroient d'en garantir l'exécution après que l'Impératrice auroit retiré ses Troupes de la Pologne; Qu'il espéroit, que l'Impératrice voudra bien faire ses réflexions sur cette idée; qu'il la prioit d'être persuadée, qu'elle partoit de l'intention la plus pure; et qu'il avoit tout lieu de croire, que la Cour de Vienne ne s'y refusera pas.

13. Je conclus par lui dire, que je souhaitois qu'il pût trouver raisonnable ce que je venois de lui proposer, et qu'en tout cas il pouvoit être assuré que je ne lui proposois en cela de bonne foi que ce que je croirois devoir faire moi-même sur ces deux importants objets, si j'étois à sa place.

14. Le Roi qui avoit eu la complaisance de m'écouter avec une attention singulière, me dit beaucoup de choses très honnêtes sur le fond et la forme de tout ce qu'il venoit d'entendre, et ajouta, qu'il s'y conformeroit, et qu'il alloit se faire de notes, dès qu'il seroit dans sa chambre, pour ne rien oublier.

15. Je lui répondis, que je croyois devoir le quitter pour ne pas abuser de sa complaisance, et pour ne pas faire durer plus longtems aussi une Conversation que bien des gens envoyés peut-être secrètement à Neustadt pour nous observer, ne pourroient avoir trouvé déjà que trop longue: mais qu'avant de le quitter j'étois bien aise cependant de lui dire ingenuement et comme il convient être honnêtes gens et qui désirent sincèrement être bien ensemble, ce que nous écririons en France sur l'Entervue de Neustadt, parce qu'il me paroissoit qu'il étoit bon que le Roi en fut informé pour sa Direction, et honnête à nous de le lui dire.

16. Que nous ne laisserions certainement jamais rien à desirer à la France notre Allié ni du côté de l'exactitude dans l'accomplissement de nos Engagements avec elle, ni même du côté des procédés; Mais que, comme nous ne l'avions pas accoutumée à oser exiger de nous ni des complaisances qui ne seroient pas conformes à notre intérêt et à notre système de Paix, ni aucune sorte de Dépendance, nous nous bornerions à lui mander.

17. Que cette Entrevue, convenue depuis l'année passée, s'étoit passée à la satisfaction réciproque des deux Souverains, qui pendant les 3 jours qu'ils avoient passés ensemble, s'étoient donné mutuellement beaucoup de marques d'affection et d'Estime personnelle; Que comme les affaires n'en avoient pas été l'objet, il n'en auroit vraisemblablement pas même été question s'il n'étoit arrivé, qu'exactement pendant que le Roi étoit à Neustadt, il lui parvinssent, en même tems qu'à Nous, des Dépeches de Constantinople qui contenoient une Lettre du Kaimakam adressée à son Ministre le Comte de Finkenstein ainsi que pareille Lettre adressée à moi, par lesquelles ce premier Ministre de la Porte dans l'absence du Vizir demande au nom du Grand Seigneur la Médiation des deux Cours pour moyenner le rétablissement de la Paix entre la Russie et l'Empire Ottoman. Que cet Evénement avoit donné nécessairement occasion à plusieurs Entretiens entre le Roi, l'Empereur et moi. Que la France n'ignoroit pas, que depuis que nous avions vu par les Evénemens de la Campagne de l'année passée et les mauvaises mesures que l'on a prises du depuis à Constantinople ce qu'étoient les Turcs actuellement ou pour mieux dire ce qu'ils n'étoient plus, nous avions jugé qu'il y avoit trop de risques à courir à laisser durer la guerre; qu'en

partant de là, nous avions tâché de ramener du depuis les
esprits à des sentimens pacifiques et que la France pouvoit
bien penser moyennant cela, qu'il n'avoit pu nous être qu'agréable, de voir par la démarche que venoit de faire la Porte
vis-à-vis de nous, et du Roi de Prusse, que nos insinuations, si
non seules, au moins à l'aide des mauvais succès que la Porte
a essuyés jusqu'à présent, et que le Ministère Ottoman sent
bien n'avoir que trop à craindre par la suite, aient produit
l'effet désirable, de déterminer enfin le Grand Seigneur au
parti de traiter de la Paix, qui malheureusement pour lui paroit être le seul qui lui convienne dans l'état actuel de Délabrement où sont ses armées et ses affaires. Que le Roi de
Prusse, voisin ainsi que ma Cour du Théâtre de la guerre, par
toutes les raisons Politiques qui lui sont communes avec nous
désire également le promt rétablissement de la Paix; Et qu'ainsi
on étoit convenu de part et d'autre, de ne pas se refuser à la
Médiation demandée, au cas que la Russie l'acceptât et se dé-
terminât à en requerir également les deux Cours, mais que,
comme la nôtre ne pouvoit ni ne vouloit s'exposer à un refus,
le Roi avoit bien voulu se charger de faire pour cet effet, et
sans nous compromettre les démarches nécessaires vis-à-vis de
l'Impératrice de Russie; Que dès que nous apprendrions l'effet
qu'elles pourroient avoir fait, nous en informerions le Roi très-
Chrétien; Et qu'en attendant nous étions convenus d'avance, que
si la Porte croyoit devoir nous associer l'Angleterre pour Mé-
diatrice, nous exigerions, ou que la France fût également du
nombre des Médiateurs, ou que l'Angleterre en fût exclue.

18. Le Roi me dit sur cet Exposé, que cela étoit à merveille; qu'il m'étoit bien obligé de lui avoir fait une communication si honnête; qu'il sentoit bien que nous ne pourrions pas
nous dispenser d'exiger que la France fût de la Médiation, si
l'Angleterre en étoit; mais qu'il se flattoit qu'elle n'en seroit
point, la Porte étant très aigrie contr'Elle à cause des secours
qu'elle avoit donnés aux Escadres Russes, et qu'il le désiroit
fort, parce que ce seroit d'ailleurs un très grand embarras de
faire consentir l'Impératrice de Russie à l'admission de la
France, contre laquelle elle étoit piquée et dans une colère
affreuse; Qu'il sentoit bien, que l'on ne pouvoit pas se dispenser pour un Allié: Vous avez été obligé de souffrir p. e.
m'a-t-il dit, que la France fasse l'acquisition de la Corse, quoi-

que sans doute cela ne vous ait pas été agréable par raport à
vos Ports du Littoral Autrichien et de la Toscane; Et vous ne
devez pas me savoir mauvais gré moyennant cela de ce que
j'en aie pour la Russie; ce n'est pas que je n'en sente les in-
convéniens, mais que faire: tant qu'on est l'Allié de quelqu'un,
on ne peut pas faire autrement, je comprends fort bien, que
cette Russie pourra peut être me mettre un jour dans la nécessité de devoir nous réunir contr'Elle pour arrêter ce Torrent
dans sa Course qui pourroit nous engloutir et par cette raison
je vous avoue, entre nous, que je n'ai pas été fâché que la
France lui ait fait manquer son coup à la dernière Diète de Suède,
mais le moment n'en est pas venu encore, et il faut prendre
patience en attendant. Je lui répondis: qu'en thèse je convenois sans difficulté de ce qu'il venoit de dire, mais qu'en hypo-
thèse notre conduite relativement à la Corse n'avoit nullement été
l'effet de ces degrés de complaisance que l'on ne pouvoit guères
s'empêcher d'avoir pour un Allié; Que ces misérables Genois
avoient cédé volontairement la Corse qui étoit leur Bien et dont
ils étoient les Maîtres de disposer; Que personne, pas même
l'Angleterre qui y étoit la plus intéressée, ne s'y étoit opposée; que
nous aurions eu par conséquent bien mauvaise grâce à vouloir le
faire, et qu'il a bien fallu moyennant cela prendre patience.
Que d'ailleurs il n'est pas impossible, qu'à la première guerre
la France ne se trouve peut-être dans la nécessité de devoir
abandonner cette acquisition; et que par toutes ces raisons non
seulement il a bien fallu laisser faire, mais qu'il m'avoit même
paru que l'on pouvoit être moins allarmé de ce qui étoit
arrivé à cet égard. Qu'il me permettroit en échange, de lui faire
observer, qu'il n'en seroit pas de même des complaisances qu'il
auroit actuellement pour la Russie pour peu qu'elles fussent
outrées, attendu qu'elles tireroient à de bien plus grandes conséquences, et que, n'ayant pas besoin de se charger de l'odio-
sité de s'opposer tout seul à l'exécution de ses vastes projets,
le cas étoit bien différent. Il me dit: je vois bien, que vous
aurez toujours raison avec moi. Il m'embrassa encore une fois
et je le quittai.

     19. Le reste de cette journée et le lendemain il ne fut
plus question entre lui et moi que de propos de Conversation
sur toutes sortes de matières de Littérature, sur les Arts tant
libéraux que mécaniques et sur mille de ces choses que l'on

appelle affaires de goût et qui ne se trouvent pas dans les Livres. La seule affaire dont il me reparla et même en présence de Sa Majesté l'Empereur, ce fut le petit Projet de mon soi-disant Catéchisme Politique, sur lequel il dit, que voulant être bien bons amis il seroit pourtant bien utile, d'avoir toujours cela devant les yeux. Je ne le vis plus en particulier que la veille du jour de mon départ auquel l'Empereur me fit connoître qu'il désiroit que j'aille le voir encore une fois. Le Roi m'en fournit l'occasion lui-même en me témoignant qu'il voudroit bien encore causer avec moi; Et je me rendis chez lui en conséquence l'après midi sous prétexte de venir prendre Congé de Lui.

20. Dès en entrant dans sa chambre je lui dis, que je venois lui souhaiter un heureux voyage, et le remercier en même tems de la bonté avec laquelle il avoit bien voulu m'écouter et me parler, à quoi il répondit avec beaucoup de politesse, que c'étoit à lui au contraire à me remercier de ce que j'avois bien voulu prendre la peine, dit-il, de me rendre à Neustadt, et lui procurer moyennant cela ma connoissance; qu'il m'en savoit beaucoup de gré, et qu'il me demandoit mon amitié etc. etc. Il ajouta ensuite: Nous venons de nous entendre, et de nous bien entendre, ce me semble sur l'état actuel des choses; Mais la face des affaires peut changer, et change réellement, ainsi que vous savez mieux que moi, par les Evénements qui surviennent de tems à autre; et je crois qu'il seroit bien bon moyennant cela, qu'on pût se revoir et se parler, ne fut-ce même qu'un jour tous les ans, ou au moins lorsqu'il arrive de ces choses qui changent la face des affaires, et sur lesquelles il seroit bon de pouvoir s'entendre. Ne croyez-vous pas, que cela seroit possible ou au moins ne pourriez-vous pas dans ces sortes de cas m'envoyer quelqu'un en qui vous auriez une entière confiance? Car je n'ose pas vous proposer une Entrevue à vous-même; faites-moi le plaisir de me dire ce que vous en pensez. Je lui répondis, que sans doute il seroit utile, nécessaire même, de s'entendre et de se concerter dans toutes les occasions, supposé la bonne et sincère intelligence, qui, comme je m'en flattois, devoit exister et se soutenir d'orénavant entre les deux Cours. Mais qu'en supposant en même tems une confiance parfaite entr'Elles qui étoit la seule

chose, selon moi, qui pouvoit établir solidement, nourrir et
entretenir cette bonne intelligence, il me sembloit, que, quand
même les circonstances ne permettroient pas, qu'on put se voir
de près aussi souvent que l'on voudroit, il ne devoit pas être
difficile de s'entendre même de loin par le canal ordinaire des
Ministres que chacune des deux Cours tient auprès de l'autre,
pourvu qu'ils soient bien choisis, c'est-à-dire, que ce soient
des gens honnêtes et bien intentionnés, capables de bien comprendre et de bien rendre ce qu'on leur dit, et, de tournures
d'esprit et de Caractère propres à ne point déplaire person-
nellement à la Cour, à laquelle ils sont accrédités: Que de
notre côté nous tâcherions de faire un pareil choix, mais que
cela n'empêcheroit pas cependant, que si jamais il arrivoit de
ces occasions dans lesquelles il put être ou nécessaire ou au
moins fort utile de se revoir, cela ne put s'arranger par toutes
sortes de moyens qu'en ce cas il ne seroit pas difficile de
trouver. Qu'en attendant ce qu'il y avoit de plus important
selon moi, c'étoit:

21. Que le Roi voulut bien se rappeler souvent, n'oublier
jamais tout ce que j'avois eu l'honneur de lui dire, et se conduire en conséquence vis-à-vis de nous, comme à charge de
revanche il pouvoit compter que nous nous conduirions vis-à-vis
de lui. Que le Bien de l'humanité, et son intérêt pas moins
que le nôtre avoient été l'unique objet de tous mes propos.
Que je croyois ne lui avoir rien dit, sans avoir prouvé que je
lui disois vrai. Que tout ce que je lui avois assuré, étoit conforme à notre intérêt; et que tout ce que je lui avois proposé,
étoit conforme au sien, c'est-à-dire, appuyé sur la meilleure
des cautions possibles de la pureté des mes intentions, et de
l'honnêteté et véracité de mes discours. Que dans ce moment-ci,
de sa part, il s'agissoit de mettre en exécution vis-à-vis de
la Russie tout ce dont il avoit bien voulu se charger à son
égard: Que de notre côté nous en attenderions l'effet, et que
nous nous arrangerions ensuite, à l'avenant, sur ce qu'il y avoit
à faire de part et d'autre. Qu'en attendant je croyois ne pas
devoir lui cacher, que je réglerai ma confiance sur le degré
de celle que je m'apercevrai qu'il mettra en moi, et que je
croyois même devoir prendre la liberté de ne pas lui dissimuler, que comme j'étois naturellement honnête, franc et sans
aucun détour, je voulois être payé de la même monnoie; Que

j'étois blessé de me voir témoigner de la méfiance: et que si quelque chose étoit capable de me donner de l'humeur en affaires, c'étoient des procédés contraires aux miens. Que dans la façon dont je croyois que les deux Cours devroient se conduire d'orénavant l'une à l'égard de l'autre, je voyois l'agréable Perspective du bonheur de l'humanité et la plus grande Gloire et utilité pour les deux Cours; Et qu'ainsi je ne pouvois pas m'empêcher de souhaiter très vivement, que tout se passât d'orénavant entr'Elles, comme j'avois eu l'honneur de lui exposer, que, selon moi, cela pouvoit se faire sans la moindre difficulté. Le Roi me répondit, qu'il ne pouvoit qu'applaudir à tout ce qu'il venoit d'entendre; Que sa conduite à venir nous prouveroit, qu'il désiroit sincèrement se conduire à notre égard en conséquence de mes Principes: qu'il comptoit que nous en userions de même envers lui, et que l'expérience que nous ferions de nos Sentiments réciproques nous meneroit infailliblement, à ce qu'il espéroit, au but aussi louable que salutaire que je me proposois. Il me dit encore beaucoup de choses très honnêtes relativement à moi, et nous nous séparâmes, après qu'il m'eut fait promettre très poliment que j'aurai la complaisance de venir au soupé ce jour-là, et que je lui accorderai moyennant cela le plaisir, dit il, de me voir le plus longtems que possible. À tout quoi je répondis convenablement et selon la valeur que je crus devoir mettre à tous ces Compliments. Je dois ajouter seulement, que pendant ce dernier Entretien le Roi me dit encore une fois: Ne voulez-vous donc pas me donner votre petit Catéchisme que je trouve si raisonnable et que je voudrois bien avoir toujours sous les yeux, parce que j'ai sincèrement envie de m'y conformer. Et que je lui répondis, avec un ton de franchise qui me parut le rassurer, ce que j'ai eu l'honneur de mander à Votre Majesté à cet égard par ma Lettre de Neustadt du 7, dans laquelle je Lui ai rendu compte en peu de mots du Résultat de mes Entretiens avec ce Prince. Il seroit aussi impossible qu'inutile de rendre à Votre Majesté tout plein d'autres propos, auxquels a donné occasion le tour d'aisance qu'a pris la conversation entre le Roi et moi dès après notre premier Entretien; et je crois devoir me borner moyennant cela d'autant plus au contenu de ce très humble Rapport, qu'il me paroit n'être devenu.

déjà que trop long. Je me flatte cependant, que Votre Majesté pourra en excuser la prolixité, en égard à tout ce qu'il contient, et qu'il auroit été difficile de pouvoir rendre avec plus de précision et de brièveté. Il ne me reste qu'à implorer l'indulgence de Votre Majesté pour ce qu'Elle pourroit trouver à y désirer, et j'ose l'espérer de Sa Bonté avec la plus profonde Soumission.

Kaunitz an Maria Theresia.

à Neustadt, ce 7 Septembre 1770.

Je m'étois flatté de pouvoir terminer, encore avant mon départ de cette ville, le Rapport détaillé, auquel j'avois commencé à mettre la main dès le lendemain de mon arrivée; mais j'ai eu si peu de temps à moi, parce qu'il auroit été trop marqué que je ne fusse pas avec l'Empereur et le Roi, lorsqu'ils se trouvoient ensemble, et que tout le monde étoit avec Eux, et parce que d'ailleurs mes deux Entretiens avec le Roi en particulier, du 4 et du 6, ont absorbé tout le temps de l'après-midi, que j'aurois pu donner au travail, que je me vois dans la nécessité de devoir me borner aujourd'hui à porter à la connoissance de Votre Majesté très succinctement.

1° que j'ai lieu de croire que mes Conversations avec le Roi ont fait à ce Prince une très vive impression, et qu'il part avec des Sentiments sur Nous et pour Nous, bien différents de ceux qu'il y a apportés.

2° que je l'ai engagé à se charger de porter la parole à la Russie sur la Médiation, en son nom seulement: qu'il a adopté avec beaucoup de déférence la tournure que je Lui ai suggérée, qu'il devoit donner à cette démarche: et que moyennant cela nous ne serons pas compromis vis-à-vis de la Russie, au cas qu'Elle refuse.

3° qu'il s'est chargé aussi avec beaucoup de docilité, de tenter vis-à-vis de la Russie l'exécution d'un moyen que je lui ai suggéré, pour rendre possible l'arrangement des troubles et des dissensions de la Pologne.

4° que j'ai lieu de croire qu'il se fiera à nous d'orénavant, autant qu'il lui est possible de se fier à quelqu'un, et que nous pouvons en échange nous fier à lui beaucoup plus qu'il n'auroit été raisonnable de le faire jusqu'ici. Et enfin

5° qu'après m'avoir entendu faire l'énumération des règles
de conduite réciproque que je croyois que devroient se prescrire les deux Cours si Elles vouloient que leur amitié fût
durable et utile à toutes les deux, et qu'à sa prière je les eus
mises par écrit, il les a trouvé, m'a-t-il dit, si raisonnables et
si conformes à Sa façon de penser, qu'il n'auroit tenu qu'à moi
de les lui faire signer, en mettant au bas: j'adopte ces principes et je promets de m'y conformer dans toutes les
occasions: si l'Empereur avoit voulu en faire autant; mais
comme je ne Lui ai témoigné aucun Empressement à cet égard,
et que bien au contraire je lui ai dit: que comme c'étoit l'intention et non la matérialité de la Signature qui constituoit la
valeur et la solidité des Engagements que l'on prenoit, il suf-
firoit, que l'Empereur et Lui se donnassent mutuellement
une copie de ce bout de papier sine die et Consule, qui
devroit être à l'avenir le Catéchisme politique des deux Cours,
et qu'en se le donnant ils se disent: je Vous donne ma parole d'honneur que je me conformerai d'orénavant à
toutes les règles de Conduite réciproque entre Nous,
que contient ce papier; ma délicatesse de ne vouloir pas
même la Signature d'un Engagement aussi innocent a augmenté
à un tel point son Empressement, qu'il m'a fait plusieurs fois,
soit seul vis-à-vis de moi, soit en présence de l'Empereur, des
instances, pour que ce papier fut échangé entre Sa Majesté et
Lui sur le pied que je proposois, en me protestant à plusieurs
reprises, que nous verrions par les effets qu'il s'y conformeroit
exactement.

Toute la chose cependant n'a pas eu lieu, parce que Sa
Majesté l'Empereur a jugé, comme de raison, ne pas devoir
s'y prêter, quelque simple qu'elle soit, sans le consentement
préalable de Votre Majesté, et moyennant cela, quoiqu'il ait
été un peu embarrassant de s'y refuser vis-à-vis d'un homme
aussi soupçonneux, Sa Majesté n'a pas hésité à le faire; Je me
suis chargé de prévenir le Roi sur les raisons qui La portoient
à en user ainsi, je les Lui ai fait goûter, l'Empereur les Lui
a répétées Lui-même, et on en est resté sur cet important Article, à se promettre, que l'Empereur de retour à Vienne, si
Votre Majesté, comme il croyoit ne pas devoir en douter, étoit
également disposée à se conformer à ces règles de conduite,
dont, sans aucun préjudice pour personne, il ne pourroit man-

quer de résulter les plus grands avantages pour les deux Cours,
il me chargeroit de remettre à Rohd une copie de ce papier.
et de lui dire de mander au Roi son Maître, que Votre Majesté et Lui, Lui donnoient Leur parole d'honneur de se conformer à son contenu dans toutes les occasions qui pourront
se présenter par la suite des temps, et que le Roi de son
côté, lorsqu'il l'auroit reçu, en feroit tirer copie, et l'enverroit
à Rohd, en le chargeant de me le remettre avec la promesse
dans les mêmes termes de Sa part. Votre Majesté trouvera
cette bagatelle, par son volume au moins, très-humblement ci-
jointe. Je souhaite qu'en cela ainsi qu'en tout ce que mon
zèle pour Son service a pu m'engager à faire pendant mon
séjour en cette ville, j'aie la satisfaction d'avoir fait ce qui
peut Lui plaire autant que je suis certain d'avoir fait ce qui
peut Lui être utile et avantageux. Je me flatte au moins, que
Votre Majesté en recueillira les fruits, et surtout qu'Elle agréera
l'empressement, avec lequel je me suis livré à venir ici, uniquement pour tâcher de Lui être utile, ainsi que le zèle, avec
lequel, de corps et d'âme, j'ai tâché de l'être et serai, si je le
puis, jusqu'au dernier de mes jours.

Maria Theresia an Kaunitz.[1]

Je n'ai pas tardé un moment de faire Votre Commission
en Vous envoyant l'ami Binder, il part avec la plus grande
satisfaction, il voudroit voler pour se trouver auprès de vous
et entendre avec plus de détail encore toutes vos réflexions et
vos opérations. Le petit volume que vous m'avez envoyé
part d'une source très-vaste, et je veux goûter le bien que
vous me faites voir étant accoutumée de n'en recevoir que
par vos soins. La satisfaction universelle me cause une grande.
Vous l'êtes de l'Empereur, Lui me le paroit de Vous, de nos
troupes, de la maison, des tables et même du Spectacle, il est
agréable, de contenter quand on entreprend quelque chose, et
je suis bien aise aussi pour Dietrichstein. Je ne vous tiens
pas quitte de la détaillée Relation, et vous recommande de
préférence encore aux Prussiens de conserver l'Alliance Françoise qui est votre premier et seul ouvrage, il faut les supporter

---

[1] Zwischen dem 9. und 16. September 1750 geschrieben.

et les flatter quelquefois. J'ai chargé Binder de vous amener un Courier pour informer autant que Vous croyez les François de cette Entrevue en droiture. Vous savez que le retard l'année passée a donné de grands soupçons. Je ne Vous parle point d'autres affaires, Binder vous mettra au fait de tout, et je souhaite que le temps qui paroit se mettre à la pluie seconde votre séjour mieux qu'il ne paroît à cette heure, et que Votre Santé se raffermisse, Vous pouvez tranquillement dormir sur vos Lauriers non sanglants, évitons avec nos Soins cette perspective, il est plus que tems que cela finisse, croyez-moi toujours votre bien affectionnée.

(Catéchisme Politique.)

Les Cours de Vienne et de Berlin, déterminées à cultiver d'orénavant avec le plus grand soin, par tous les moyens légitimes, qui sont dans leur puissance, la bonne et sincère amitié heureusement rétablie entr'Elles.

1° Lorsque de part et d'autres Elles croiront avoir des sujets de soupçon et de méfiance, s'en demanderont amicalement des Eclaircissements.

2° Elles se parleront toujours avec la Candeur et franchise, qui est due à l'Amitié sincère et à l'opinion que l'on doit avoir des lumières d'un Ami.

3° En toutes choses l'une d'Elles ne proposera jamais à l'autre, ce qui pourroit lui être préjudiciable, on ne seroit pas fondé sur la réciprocité.

4° Elles tâcheront l'une et l'autre de convaincre toutes les autres Cours de fait et de propos, de la sincère Amitié et de l'Estime réciproques qui subsistent entr'Elles, et Elles feront comprendre dans toutes les occasions à leurs ennemis jaloux ou envieux, qu'ils travailleroient en vain à les brouiller.

5° La Cour de Vienne ne cherchera pas à se rapprocher de la Russie, et celle de Berlin en usera de même vis-à-vis de la France. Chacune d'Elles ne se permettra que des procédés honnêtes, et rien de plus vis-à-vis de l'Allié de l'autre, et s'il arrivait jamais, que la Russie fit des propositions d'Alliance à la Cour de Vienne, ou la Cour de la Versailles à celle de Berlin, Elles se les communiqueront fidèlement et au plutôt.

6⁰ Toutes et quantes fois Elles voudront faire ou entre-prendre choses de quelque importance, Elles auront soin de s'en prévenir réciproquement, afin d'éviter l'inconvénient de se traverser dans l'exécution de leurs desseins.

7⁰ Aucune des deux Cours dans tout ce qui se trouvera ne point être directement contraire à ses intérêts, ne s'opposera à ce qui pourroit être à l'avantage de l'autre, lorsque l'objet ne sera pas majeur et d'une bien grande importance.

8⁰ En échange, lorsqu'il s'agira de choses ou d'Acquisi-tions considérables ou d'une grande importance, on se préviendra amicalement de ce dont il pourra être question, et on conviendra d'avance de l'avantage réciproque et proportionné, que l'une des deux Cours consentira non seulement, mais contribuera même au besoin de bonne foi à faire avoir à l'autre.

9⁰ Que tant qu'il sera possible, on évitera d'entrer en Négociation sur des petites affaires particulières, d'Etat à Etat, ou autres de ce genre, rien n'étant plus propre à brouiller sou-vent les Cours ou au moins à leur donner de l'humeur, et à gâter par là les grandes affaires, que ces sortes de misères, par l'inflexibilité que croyent devoir y mettre ordinairement l'espèce de personnes, auxquelles on est obligé de les confier. Et enfin:

10⁰ Que la jalousie des autres Cours ne pouvant manquer d'augmenter à mesure qu'elles verront augmenter l'amitié et la bonne intelligence entre celles de Vienne et de Berlin, Elles auront soin de se communiquer fidèlement les insinuations qu'on pourra leur faire, et les soupçons qu'on pourra tâcher de leur donner.